KB248694

오늘의 시편

Today's Psalms

윤종수 성서 명상 시선

오늘의 시편 Today's Psalms

2018년 11월 26일 초판 1쇄 인쇄
2018년 11월 30일 초판 1쇄 발행

지 은 이 | 윤종수
펴 낸 이 | 김영호
펴 낸 곳 | 도서출판 동연
등   록 | 제1-1383호(1992. 6. 12)
주   소 | 서울시 마포구 월드컵로 163-3
전   화 | (02)335-2630
전   송 | (02)335-2640
이 메 일 | yh4321@gmail.com

ISBN 978-89-6447-456-3   03230
ISBN 978-89-6447-450-1   03230 (세트)

윤종수 성서 명상 시선

오늘의 시편
Today's Psalms

동연

노래를 부름으로

내가 존재할 수 있었고

그 노래를 통하여

하늘에 오를 수 있었으니

내가 살아가는 한 가지 이유는

오늘 여기에서

그 생명의 노래를

부르기 위함인 것.

차례

2장

용사의 노래

3장

가난한 자들의
노래

4장

감사의 노래

5장

올라가는 노래

프롤로그(Prologue)

나이가 들수록
어떤 사람은 눈부시게 빛나는 영혼이 되고
어떤 사람은 추하고 더러운 원숭이가 된다.

사막에서 한평생을
살았던 사람들.
영혼의 광야에서
헤매었던 사람들.

백 년 세월
자신을 갈고 닦아
시퍼런 영성으로
살았던 사람들.

혹시 그렇게 살지는 못했더라도
날마다 하늘 그리며
열린 마음을
가졌던 사람들.

그들은 인생을
마치는 그 때에
고귀한 영혼으로
남게 되는 것.

이제 나도
그 이름으로 남고 싶어
깊은 밤 홀로 깨어
시를 적는다.

1 장

고난의 노래

1. 묵상

너, 생명의 사람아!
생명의 길을 따르라.
세상이 가는 대로 걷지 말고
생명을 살리는 길로 걸어가라.

악인들의 길을 따르지 말고
죄인들의 길에 서지 말며
오만한 자들의 자리에 앉지 말라.
그 길은 생명의 주를 거스르는 길이니

오직 생명의 법을 즐거워하며
그의 계명을
밤이나 낮이나
생각하고 묵상하라.

그는 시냇가에 심은 나무와 같이
시절을 따라 열매를 맺을 것이며
그 잎사귀가 마르지 아니할 것이니
그가 하는 모든 일이 형통하리라.

악한 자들은
그렇지 아니하니

그들은 바람에 날리는
먼지와 같으리라.

생명의 길을 거스르는 자들은
심판의 자리에 서게 될 것이요
생명의 총회에
들어오지 못하리라.

무릇 주께서
의인들의 길은
인정하고 지키시지만
악인들의 길은 멸망하리라.

어느 길을 걸을 것인가?
그대의 눈을 떠
생명의 주를 보라.
그가 어디에서 일하시는지…

오직 여호와의 율법을 즐거워하여 그의 율법을 주야로 묵상하
는도다. Psalms 1:2

2. 어찌하여

어찌하여
생명의 법을 버리고
죽음의 법을 따르는가?

어찌하여
진리의 길을 떠나
거짓의 길을 걸어가는가?

어찌하여
나눔과 사랑을 외면하고
욕망의 탑만을 세우는가?

세상이 모의하여
하늘의 뜻을 대적하고
그들의 나라를 세우자 하는도다.

하늘이 웃으심이여!
주께서 저들을 비웃으시리로다.
그들은 생명의 역사를 가로막고 있다.

주께서 진노하시면
그들의 모사가 헛것이요

한 순간에 사라지게 될 것이다.

내가 나의 사람들을
거룩한 산에 세웠도다.
그들이 나가서 생명의 나라를 세우리라.

나의 영을 전하노라.
너는 나의 사람이라.
오늘 내가 너를 낳았도다.

내게 구하라.
내가 생명의 나라를
너희의 유업으로 주리니

생명의 사람들과 함께하라.
생명을 경외하며 생명을 지키라.
생명의 주께 나오는 자들은 복이 있도다.

어찌하여 이방 나라들이 분노하며 민족들이 헛된 일을 꾸미는
가? Psalms 2:1

3. 그의 성산

모든 희망이 끊어지고
생의 의지가 사라졌을 때,
그때 당신의 산에 올랐습니다.

푸른 꿈은 말라버려
타버린 흙이 되었고
나의 하늘은 보이지 않았습니다.

그러나 생명의 주여!
난 세상을 바라보지 않았습니다.
그들의 영화를 부러워하지 않았습니다.

날마다
당신의 산에 올라
당신을 바라보았습니다.

거기에서
나의 무릎을 꿇었습니다.
초라한 나의 마음이 보였습니다.

나뭇잎으로 욕망을 감추고
가벼운 입술로 자신을 자랑하는

나는 바람에 떠다니는 티끌이었습니다.

여기까지
영혼의 미망 속에
나의 길을 걸어왔습니다.

이제는 당신의 길을 걸어갑니다.
당신의 산에 올라
하늘의 계시를 적습니다.

나의 영광이시여!
당신 앞에
나의 머리를 듭니다.

구원이 당신께 있사오니
생명의 은총을
당신의 백성에게 내리소서!

나의 목소리로 여호와께 부르짖으니 그의 성산에서 응답하시
는도다. Psalms 3:4

4. 어느 때까지

인생들아,
어느 때까지 흙탕물 속에서
서로에게 진흙을 퍼 먹이며
같이 죽자 하겠느냐?

어느 때까지
너와 네 가족이 살아가는 안방에
네가 싼 똥오줌을 처바르며
노래를 부르고 있겠느냐?

어느 때까지
너의 성지를 더럽히고
하늘의 성소를 파괴하며
생명의 주를 모독하겠느냐?

어느 때까지
땅 뺏기 놀이에 빠져
형제의 탄식을 외면하며
이웃을 절망에 빠트리겠느냐?

어느 때까지
늙은 어머니의 젖을 잡고

등골을 부러뜨리는
살인의 흡혈귀가 되겠느냐?

오, 인생들아!
너의 삶을 돌이키라.
너의 자리에서 내려오라.
이제 그만 자멸을 중단하라.

주께서는
경건한 자를 택하시도다.
생명의 사람을 부르시는도다.
의로운 자들의 기도를 들으시리로다.

분노로 죄를 짓지 말라.
너의 자리에서
너의 마음을 살피며
생명의 길로 돌아오라.

인생들아, 어느 때까지 나의 영광을 바꾸어 욕되게 하며 헛된
일을 좋아하고 거짓을 구하려는가? Psalms 4:2

5. 아침에

아침에 당신께 나아가
정결한 시간을 드립니다.
당신을 만나는
가장 거룩한 시간입니다.

당신의 산에 올라
하루를 시작합니다.
정상에서 최선을 살아가는
지고의 축복입니다.

그때
당신의 계시가 내려옵니다.
주어진 은혜로 하루를 살아갑니다.
삶을 시작하는 순수의 시간입니다.

아침마다
당신께 돌아갑니다.
당신의 뜻을 향해
마음을 돌이킵니다.

거기에서
나 자신을 바라봅니다.

어둠에 떨고 있는
영혼이 있습니다.

나를 향하신
당신의 뜻을 깨닫습니다.
무엇을 위해
삶을 바치겠습니까?

한줄기 타오르는
불꽃이 되겠습니다.
생명을 노래하는
농부가 되겠습니다.

죽음을 맞이합니다.
하루의 삶을 마치고
당신께 귀의하는
바로 그 시간입니다.

아침에 주께서 나의 소리를 들으시리니 아침에 내가 주께 기
도하고 바라리이다. Psalms 5:3

6. 나를 고치소서

주의 분노로
나를 책망하지 마소서!
당신의 치유가 필요합니다.
당신의 손길을 기다립니다.

내가 수척하였사오니
내게 은혜를 베푸소서!
나의 뼈가 떨리오니
나를 고치소서!

나의 영혼도 떨리나이다.
생명의 주여, 돌아와
내 영혼을 건지시며
주의 사랑으로 구원하소서!

죽음 속에서는
주를 기억할 수 없고
무덤 속에는
주를 찬양할 수 없나니

온 밤을 탄식하며
내 영혼이 기진하나이다.

탄식으로 침상을 띄우며
눈물로 이불을 적시나이다.

내 눈은
슬픔으로 쇠하며
근심으로 어두워졌나이다.
더 이상 하늘을 볼 수 없나이다.

세상의 근심과
생명의 연민을
가슴에 가득 담고
고통 속에 시들어가나이다.

당신만을 바라보오니
하늘의 비를 내리소서!
메마른 육신을 적시소서!
생명의 날을 허락하소서!

내가 수척하였사오니 내게 은혜를 베푸소서! 나의 뼈가 떨리오
니 나를 고치소서! Psalms 6:2

7. 주께 피하오니

여호와여,
돌아오소서!
당신의 백성에게로…
우리가 그 가운데 거하겠나이다.

주여,
깨어나소서!
영원한 잠 속에서…
더 이상 우리는 견딜 수 없나이다.

주여,
일어나소서!
당신이 우리의 희망이시며
당신이 우리의 피할 바위이십니다.

생명의 주여,
구원하소서!
당신께 피하오니…
어떤 고난에도 흔들리지 않게 하소서!

악인의 악을 끊고
의인을 세우소서!

우리의 마음과 처지를
돌아보옵소서!

당신을 바라보며
당신께로 나아갑니다.
당신 앞에 나아가
무릎을 꿇습니다.

살려주소서!
한 번만 기회를 주소서!
생명의 열매를 맺겠사오니…
모든 영광을 당신께 드리겠사오니…

우리를 뽑아내지 마시고
불로 심판하지 마옵시고
당신의 사랑과 인자를
우리에게 보여주소서!

여호와 내 하나님이여, 내가 주께 피하오니 나를 쫓아오는 모
든 자들에게서 구원하소서! Psalms 7:1

8. 무엇이기에

내가 무엇이기에
하늘의 정원에
생명의 꿈을 담아
이렇게 심어놓으셨나이까?

신비로 가득 찬 세상
주의 이름이 온 땅에
어찌 그리 아름다운지요!
주의 영광이 하늘을 덮었나이다.

주의 손가락으로 펼치신
푸르른 주의 하늘과
주께서 베푸신 달과 별을
나의 눈으로 보오니

인생이 무엇이기에
주께서 그를 생각하시며
사람이 무엇이기에
주께서 그를 돌보시나이까?

그를 당신의 형상으로 지으시고
영화와 존귀로 관을 씌우셨나이다.

주께서 만든 것을 다스리게 하시고
만물을 그의 발 아래 두셨으니

날마다 당신 앞에 엎드려
감격의 노래를 부릅니다.
오늘도 신비에 젖어
당신의 품으로 들어갑니다.

당신이 걸어가신
그 길을 생각합니다.
당신의 길을 따르며
뜨거운 눈물을 흘립니다.

사랑이 무엇이기에
생명이 무엇이기에
그렇게 십자가를 지고
죽음의 길을 걸어가셨나이까?

사람이 무엇이기에 주께서 그를 생각하시며 인자가 무엇이기
에 주께서 그를 돌보시나이까? Psalms 8:4

9. 전 심 (All my heart)

전심을 다해
당신 앞에 나아갑니다.
성심을 다해
당신의 길을 따릅니다.

당신의 하늘에서
불이 내려옵니다.
모든 욕망의 찌끼가
타버려 재가 됩니다.

날마다 새롭게
진심이 태어납니다.
일심의 정신으로
무심의 순백으로

태초의 정적이 흐르는
눈 덮인 설산처럼
언제나 거기에
충심이 있습니다.

내가 그 자리에 있습니다.
그곳에 당신이 계십니다.
어떤 폭풍 속에서도

당신은 함께 계십니다.

아무것도 아닌 것이
언제나 최상인 것이
더 이상의 것도 없고
더 이하의 것도 없는

산은 산인 것이고
물은 물인 것처럼
존재의 열심이
특심이 됩니다.

당신을 사랑합니다.
당신이 그립습니다.
당신이 기쁨입니다.
당신을 기다립니다.

내가 전심으로 여호와께 감사하오며 주의 모든 기이한 일들을
전하리이다. Psalms 9:1

10. 일어나소서

생명의 주여,
어찌하여 멀리 계시며
환난 때에 숨으시나이까?

악한 자가 교만하여
가난한 자를 군박하오며
하늘의 뜻을 거역하나이다.

욕심을 자랑하고
탐욕으로 배불리며
당신을 멸시하나이다.

오만한 얼굴로
그의 모든 생각에
당신이 없다 하나이다.

그의 길은 견고하고
주의 손길은 높아서
그에게 미치지 못한다 하나이다.

자기 마음에 이르기를
언제나 흔들리지 아니하며

대대로 환난을 당치 아니한다 하나이다.

그의 입에는 저주가 있고
그의 마음에는 포악이 가득하며
그의 혀 밑에는 잔해가 있나이다.

어둠 속에 앉아서
무죄한 자를 죽이며
가난한 자를 엿보나이다.

당신이 잊으셨고
그의 얼굴을 가리셨으니
영원히 보지 아니하리라 하나이다.

당신께서 보셨나이다.
당신만을 의지하나이다.
악인의 팔을 꺾으소서!

여호와여, 일어나옵소서! 하나님이여, 손을 드옵소서! 가난한
자들을 잊지 마옵소서! Psalms 10:12

11. 얼굴

나하고 있을 때는
얼굴을 나에게 향하세요.
나하고 말을 할 때는
내 눈을 바라보세요.

내 옆에 있을 때는
나를 생각하세요.
나와 같이 걸을 때는
내 팔을 껴주세요.

나하고 인사할 때는
웃음을 담아주세요.
나하고 악수할 때는
손을 뜨겁게 잡아주세요.

나와 같이 있으면서
누구를 만날 것인가,
무엇을 할 것인가,
그런 생각은 하지 말아주세요.

나와 같이 말하면서
무엇을 말할 것인가?

어떻게 표현할 것인가?
머리를 굴리지 말아주세요.

나와 같이 걸으면서
휑하고 멍한 눈으로
다른 곳을 바라보시며
꿈속을 헤매시면

그러면 난
갑자기 외로워지고
저절로 한숨이 나오며
얼굴이 벌겋게 달아오른답니다.

당신이 그러시면
하늘이 흔들리고
영혼의 터가 무너져
난 아무것도 할 수 없답니다.

여호와는 의로운 일을 좋아하시나니 정직한 자는 그의 얼굴을
뵈오리로다. Psalms 11:7

12. 도우소서

생명의 주여,
경건한 자가 끊어지며
충실한 자들이
인생 중에 없어지나이다.

사람들은 모두
돈에 미쳐 돌아가나이다.
사랑도 돈으로 사고
진리도 돈으로 팔고 있나이다.

돈이 있으면
못할 게 없다 하나이다.
돈돈돈 하다가
모두 돈으로 돌아버리나이다.

수행자가 어디 있나이까?
광야는 싫다 하나이다.
십자가는 당신이 지고
천국은 내가 가겠다 하나이다.

지금 먹어야 되고
지금 즐겨야 된다 하나이다.

어떻게 해서든 돈을 벌어야 되고
그것이 잘 사는 비결이라 하나이다.

만사가 형통해서
복을 많이 받아야 한다 하나이다.
먹고 죽은 귀신이
때깔도 좋다 하나이다.

이웃이니 나눔이니
헛소리 하지 말고
생태니 평화니
때려치우라 하나이다.

그렇게 어렵게
살 필요가 없다 하나이다.
그저 안전하고 평안하게
잘 먹고 잘 사는 것이 최고라 하나이다.

여호와여, 도우소서! 경건한 자가 끊어지며 충실한 자들이 인
생 중에 없어지나이다. Psalms 12:1

13. 밝히소서

42

생명의 주여,
어느 때까지니이까?
나를 영영히 잊으시나이까?
주의 얼굴을 나에게서 숨기시겠나이까?

내 영혼이 번민하고 낙심하며
근심하기를 어느 때까지 하오며
악인들이 나를 치며 자랑하기를
어느 때까지 하리이까?

나의 하나님이여!
나를 생각하사 응답하시고
나의 눈을 밝히소서!
진리의 빛을 밝혀주소서!

주의 역사를 보게 하소서!
당신의 소리를 듣게 하소서!
당신의 살아계심을 깨닫게 하소서!
천지가 주의 손에 있음을 알게 하소서!

내가 사망의 잠을 잘까하오며
내 원수들이 이겼다 할까 하오며

내가 흔들릴 때에
내 대적들이 기뻐할까 하나이다.

내가 절망에 빠져
모든 삶을 포기할 때에
원수들은 허공을 나르며
춤을 추나이다.

그러나 생명의 주여,
나는 오직 주의 사랑을 의지하나이다.
나의 가난한 마음은
주의 구원을 기뻐하리이다.

내가 주의 영광을
영원히 찬송하리니
주께서 나에게
은혜를 베푸심이니이다.

여호와 내 하나님이여, 나를 생각하사 응답하시고 나의 눈을
밝히소서! Psalms 13:3

14. 무신(無神)

어리석은 자는 마음에
하나님이 없다 하도다.
그들은 부패하고 행실이 가증하니
선을 행하는 자가 하나도 없도다.

모든 것이 경쟁이고
힘이 능력이니
진화와 발전이
최고라 하도다.

생명은 분자의 조합이요
물체는 원자의 집합이니
세포의 합성물 이상이
존재하는 것이더냐?

산은 산이고
물은 물인 것이지
그 이상도 그 이하도
없다고 하도다.

보이는 것이 전부이고
보이지 않는 것은

인간이 만들어낸
상상에 불과할 뿐이라 하니

생명의 하나님,
지금 당신은
어디 계시나이까?
당신의 거룩함을 나타내소서!

거룩하지 않은 것이
어디에 있으며
당신을 품지 않은 것이
어디에 있나이까?

당신의 영혼을
가슴에 품었으니
당신 앞에 나아가
나의 무릎을 꿇나이다.

15. 누구오니이까

당신 앞에 나아가
무릎을 꿇습니다.
당신과 함께
매일을 살아갑니다.

누가 주의 장막에서
평안을 누리며
누가 주의 성산에서
머물 수 있겠습니까?

깨끗한 삶을 사는 사람.
정의를 실천하는 사람.
당신의 뜻을 따라
진실을 말하는 사람.

내 입으로
남을 깎아내리지 않고
내가 하기 싫은 일을
남에게 시키지 않는 사람.

헛된 것을
바라보지 아니하며

거룩한 것을 존대하는 사람.
마음의 약속을 변치 않는 사람.

부당한 복을 원하지 않고
일확천금을 꿈꾸지 않으며
부정한 뇌물을 받지 않는 사람.
무죄한 자를 해하지 않는 사람.

오, 생명의 주여!
당신과 함께 살기를 원합니다.
그것이 지고의 축복이니
오직 그것만을 바랍니다.

나의 눈을 열어
당신을 바라봅니다.
당신과 함께 살아가는 자는
영원히 흔들리지 아니하리이다.

주의 장막에 머무를 자 누구오며 주의 성산에 사는 자 누구오
니이까? Psalms 15:1

16. 영토

생명의 주여,
나는 가난한 순례자입니다.
어떤 사람은 부귀를 가졌고
어떤 사람은 권좌를 가졌는데
나에게는 당신의 영토를 주셨습니다.

가슴으로 웃음을 터뜨리며
오늘도 성산에 오릅니다.
분단된 땅을 그곳에 남겨두고
이것이 무슨 가치가 있는 것이냐?
그러나 이곳에서 난 기도를 드립니다.

사람마다 영토가 있을 것이고
사람마다 목표가 다를 것이지만
나의 영토는 당신의 성산입니다.
지금까지 정복된 적이 없고
아무도 그리지 못한 순백의 세계.

나의 목표는 생명의 나라입니다.
나의 조국이라 할지라도
생명의 뜻을 거스르며
패역의 길을 걸어갈 때에는

언제라도 버릴 수 있습니다.

나에게 주어진 인생이란 시간.
사람들은 허무와 절망에 빠져
자기의 삶을 포기해버리지만
난 나의 소명을 움켜잡고
생명의 길을 걸어갑니다.

막힌 장벽을 헐어버리고
생명의 가슴에 구멍을 내는
피 묻은 욕망을 땅에 묻으며
저주의 핵무기들을 해체시켜
평화의 나라가 오게 할 것입니다.

손을 잡고 행진을 하면
그 나라가 오게 될 것인가?
목소리가 터지도록 구호를 외치면
마침내 둑이 터지고야 말 것인가?
오, 생명의 주여! 역사하소서!

내게 줄로 재어 준 구역은 아름다운 곳에 있음이여! 나의 기업
이 실로 아름답도다. Psalms 16:6

17. 들으소서

생명의 주여,
의인의 호소를 들으소서!
우리의 울부짖음에 눈을 돌리소서!
거짓되지 아니한 입술의 기도에 귀를 기울이소서!

주께서 우리를
판단하시며
주의 눈으로
공평함을 살피소서!

우리의 마음을 시험하사
고난의 밤에 찾아오소서!
우리를 감찰하소서!
우리를 지켜주소서!

우리의 입으로
범죄하지 아니하리이다.
당신은 결코
우리의 흠을 찾지 못하리이다.

주의 말씀을 따라 삼가며
포악한 자의 길을 가지 아니하겠나이다.

주의 길을 굳게 지키고
실족하지 아니하겠나이다.

주께 피하는 자들을
그 오른 손으로 구원하시는 주여!
주의 기이한 사랑을 나타내소서!
주의 생명의 역사를 보여주소서!

당신의 눈동자 같이 우리를 지키시고
주의 날개 그늘 아래 우리를 보호하소서!
우리 목숨을 노리는 원수들에게서
우리를 벗어나게 하소서!

주여, 일어나 그를 넘어뜨리고
주의 칼로 우리의 영혼을 구원하소서!
의로운 중에 주의 얼굴을 뵈오리니
깰 때에 주의 형상으로 만족하리이다.

여호와여, 의의 호소를 들으소서! 나의 울부짖음에 주의하소
서! 거짓되지 아니한 입에서 나오는 나의 기도에 귀를 기울이
소서! Psalms 17:1

18. 그의 성전에서

나는 무덤 속에 있습니다.
날마다 죽고
날마다 사는
수행의 무덤.

당신의 품에서
다시 일어나
죽음의 땅으로
순례를 떠납니다.

오늘도 성산에 올라
당신을 만나고
겸손히 두 손으로
생명의 명을 받습니다.

여기가 바로
나의 성지입니다.
당신의 땅에 엎드려
그 땅에 입을 맞춥니다.

매일 끓어도
순간을 깨어도

끝없이 모자라는
나의 정성입니다.

오르고 올라도
언제나 나는
희망과 절망의
그 사이에 있습니다.

그래서 당신은
죽음의 무덤에서
홀연히 일어나
하늘에 오르셨지요.

천지에 임하는
당신의 신비.
여기가 바로
나의 성전입니다.

내가 환난 중에서 여호와께 아뢰며 나의 하나님께 부르짖었더
니 그가 그의 성전에서 내 소리를 들으심이여, 그의 앞에서 나
의 부르짖음이 그의 귀에 들렸도다. 시편18:6

19. 소리

하늘과 땅에
당신의 소리가
가득합니다.

그 속에서
한 말씀이
들려옵니다.

빛이여,
일어나라.
너의 꽃을 피우라.

그것은
나를 위한
당신의 말씀이었습니다.

그 소리가
존재의 진리를
통하게 했습니다.

당신을 느낍니다.
당신의 뜻을 깨닫게 됩니다.

거기에서 새롭게 태어납니다.

생명을 사랑하라.
생명을 생명으로 살게 하라.
그 앞에 너의 무릎을 꿇으라.

나를 따르라.
나를 사랑하라.
너의 삶을 바치라.

다시 일어섭니다.
온몸으로
당신을 찬양합니다.

생명의 주여,
일어나소서!
당신의 나라를 이루소서!

그의 소리가 온 땅에 통하고 그의 말씀이 세상 끝까지 이르도
다. 하나님이 해를 위하여 하늘에 장막을 베푸셨도다. Psalms
19:4

20. 소원

언제나 당신과
함께 있습니다.
매일 당신을 향해
영성의 산을 오릅니다.

날마다 생명의
신비에 젖습니다.
자리에 앉아
나의 마음을 바라봅니다.

마음을 찾으면
거기가 천국이지만
영혼을 잃으면
거기가 지옥입니다.

나는 어디로
흘러가고 있는가?
나는 어디를 향해
걸어가고 있는가?

한번뿐인 삶인데
스쳐 지나가는 인생인데

천만년 살 것처럼
욕망의 성을 쌓고 있습니다.

마음의 깃발이
바람에 날립니다.
죽음의 자리에서
일어섭니다.

바로 그것입니다.
모든 것을 버리고
당신을 따르는 것.
나는 하늘의 바람입니다.

생명의 바람이 되게 하소서!
평화의 제물이 되게 하소서!
순교의 길을 걷게 하소서!
나를 번제로 드리나이다.

네 마음의 소원대로 허락하시고 네 모든 계획을 이루어주시기
를 원하노라. Psalms 20:4

21. 왕의 노래

나는 왕입니다.
아무것도 거침이 없는
하늘의 바람.
세상이 나를 위해 존재합니다.

나는 내 인생의 왕입니다.
누가 내 삶을 살아주겠습니까?
내가 내 삶을 사는 것이고
내가 내 인생의 주인인 것이니

나는 내 하루의 왕입니다.
나에게 주어진 시간들.
일생에 한번밖에 없는
유일한 기회입니다.

나는 아침의 왕입니다.
하루를 여는 시간.
나의 왕을 만나고
그의 뜻을 깨닫는 가장 귀한 시간입니다.

나는 내 마음의 왕입니다.
마음 한번 잘 먹으면 하늘이 열리고

마음 한번 버리면 세상이 끝나는 것.
무릇 지킬만한 것보다 더욱 마음을 지킵니다.

나는 진리의 왕입니다.
하루의 진리를 깨치면
그것이 곧 영원인 것이니
그 안에서 언제나 자유를 누립니다.

나는 맨발의 왕입니다.
사람들은 나를 거지라고 하지만
나는 세상의 모든 것을 가진
하늘의 순례자입니다.

세상이 다 나의 것입니다.
내 안에 모든 것이 있는
아무것도 부러울 것이 없는
나는 내 우주의 왕입니다.

여호와여, 주의 능력으로 높임을 받으소서! 우리가 주의 권능
을 노래하고 찬송하게 하소서! Psalms 21:13

22. 멀리

그때 당신은 어디에 계셨나이까?
수많은 어린이들과
공포에 질린 여자들이
자기의 신발을 벗어놓고
가스실로 줄지어 들어가고 있었을 때.

그때 당신은 무엇을 하고 계셨나이까?
흰둥이들이 검둥이들을 붙잡아
배 밑창에 차곡차곡 구겨 싣고서
대서양을 넘어 신대륙에 퍼질러놓고
짐승처럼 돈으로 사고팔고 있었을 때.

그리하여 그들이 당신의 이름으로
전쟁을 일으키고 학살을 일삼으며
자녀들의 손을 잡고 성전에 들어가서
피 묻은 입술로 거룩한 찬송을 부르고
그 손을 모아 기도를 드리고 있었을 때.

그들은 그때
양심에 화인을 맞아
십자가에 달린 예수의 눈을 가리고
성전 뜰에서 소리를 질러대며

자기의 장사를 하고 있었습니다.

나의 하나님, 나의 하나님,
어찌하여 나를 버리시나이까?
어찌하여 그리 멀리 계셔서
울부짖는 나의 간구를
듣지 아니하시나이까?

사랑하는 아들이
온종일 불러도 대답이 없고
밤새도록 울부짖어도
당신은 모르는 체
아무런 말도 하지 않으셨습니다.

생명의 주여,
이제 그만 입을 여소서!
그때 거기서 같이 고난을 당했다는
그런 나약한 변명과 자기 합리화를 버리시고
죽으면 죽으리라, 당신의 목숨을 버리시옵소서!

내 하나님이여, 내 하나님이여, 어찌 나를 버리셨나이까? 어찌
나를 멀리 하여 돕지 아니하시오며 내 신음 소리를 듣지 아니
하시나이까? Psalms 22:1

23. 나의 목자

선한 목자여,
우리를 인도하소서!
세상은 날로 뜨거워지고
사람들은 점점 포악해져 가고 있습니다.

그들은 자기가 태어난
사랑을 잃어버리고
생명의 죽음 위에
자기 문명을 건설하고 있습니다.

어디로 가야 할지,
무엇을 해야 할지,
갈 바를 알지 못하고
어두운 광야를 헤매고 있습니다.

우리를 푸른 풀밭에 누이시며
쉴만한 물가로 인도하소서!
당신 안에는
부족함이 없사오니

우리 영혼을 소생시키시고
의로운 길로 인도하소서!

우리가 그 길로
걸어가겠나이다.

죽음의 골짜기에서
우리를 건져주소서!
주의 지팡이와 막대기로
우리를 보호하소서!

원수들이 보는 앞에서
생명의 밥상을 차려주시고
거룩한 기름을 내 머리에 부으소서!
내 잔이 넘치나이다.

진실로 주의 선하심과 인자하심이
내가 사는 날 동안 나를 따르리니
내가 주님의 집으로 돌아가
영원히 그곳에서 살겠나이다.

여호와는 나의 목자시니 내게 부족함이 없으리로다. Psalms
23:1

24. 여호와의 산

함부로 오르지 말라.
오직 준비된 자.
나와 함께 있고 싶은
마음에 열망이 가득한 자.
그들만 이 산에 올라오라.

아무나 오르지 말라.
더 이상 참을 수 없어
뜨거운 눈물로
나의 발을 적시는 자.
내가 그 손을 잡으리라.

허영의 옷을 입지 말라.
장신구를 네 몸에서 떼어내라.
모든 욕망을 내려놓고
순례의 영혼으로
내게 손을 내밀라.

한 그릇 이상을 먹지 말라.
네 형제의 배고픔을 기억하라.
배불뚝이가 되어
자기 배를 두드리는 자.

그들은 올라올 수 없으리라.

날마다
자기 자리에 앉아
나에게로 향하는 자.
그들은 거기에서
나를 볼 수 있으리라.

깨끗한 손과
맑은 마음을 가진 자.
헛된 우상에게 팔리지 않고
그 입술이 진실한 자,
그들만 이곳으로 올라오라.

몸과 마음을
정결하게 씻고
욕정에 흔들리지 말라.
너의 나약한 육신을 쳐서
지금 나의 거룩한 산으로 올라오라.

여호와의 산에 오를 자가 누구며 그의 거룩한 곳에 설 자가 누
구인가? Psalms 24:3

25. 온유

생명의 주여,
당신 앞에 섭니다.
당신 앞에 나아와
당신을 우러릅니다.

주의 길을
나에게 보이시고
내가 가야 할 길을
가르치소서!

주의 진리로
나를 지도하시고
주의 교훈으로
나를 인도하소서!

내 젊은 시절의
허물을 기억하지 마시고
주의 인자하심을 따라
주의 선하심으로 하옵소서!

당신께는 온유하나
불의에는 정의롭게 하소서!

당신께는 겸비하나
죄악에는 용감하게 하소서!

부드럽다고
약하지 않게 하시고
따뜻하다고
휘둘리지 않게 하소서!

내 영혼을 지켜
나를 구원하소서!
내가 주를 바라오니
나를 보호하소서!

주를 경외하는 자에게
주의 길을 가르치소서.
그의 영혼은 평안히 살고
그의 자손은 생명의 땅을 상속하게 하소서.

온유한 자를 정의로 지도하심이여, 온유한 자에게 그의 도를
가르치시리로다. Psalms 25:9

26. 함께

당신과 함께
길에 나섭니다.
당신을 만난
그 산에 오릅니다.

여명이 붉게 타오르면
당신의 신비가
천지에 가득하고
나는 그 앞에 무릎을 꿇습니다.

태양의 기운이
빛살처럼 퍼지고
내 가슴은 사랑으로
물들어 갑니다.

언제나 한결같이
당신은 거기에 계십니다.
여기까지 나와
동행하셨습니다.

당신이 있어
외롭지 않았습니다.

당신의 노래를
부르게 하셨습니다.

진리의 꽃을
내 안에 피우셨습니다.
하늘의 꽃잎을
깔아놓으셨습니다.

당신 앞에 앉아
마음을 씻습니다.
한 점의 요동 없이
당신을 바라봅니다.

한 줌의 먼지로
돌아갑니다.
일생 되풀이할
나의 수행입니다.

27. 한 가지 일

한 가지만 하라.
네 마음이 분주하여
가장 좋은 것을
빼앗기지 않게 하라.

한 가지 일.
그것에 집중하라.
초점을 모을 때
거기에서 불이 일어나니

내가 준 것을 바라보지 말고
나만을 바라보라.
내 손을 바라보지 말고
나 자신을 바라보라.

내 얼굴을 찾으라.
내 눈을 바라보라.
내 눈 속에 있는
너 자신을 바라보라.

무엇이 보이는가?
무엇을 바라는가?

무엇을 구하는가?
어디를 향하는가?

헛된 영광을
구하지 말고
참된 진리를
힘써 찾으라.

너 자신을 보지 말고
나의 얼굴을 바라보라.
세상을 바라보지 말고
나의 진리를 바라보라.

나의 도를
마음에 새겨
생명의 길로
걸어가라!

내가 여호와께 바라는 한 가지 일 그것을 구하리니 곧 내가 내
평생에 여호와의 집에 살면서 여호와의 아름다움을 바라보며
그의 성전에서 사모하는 그것이라. Psalms 27:4

28. 갚으소서

안 되는 것을
그대로 하지 말고
새롭게 한 번
시도해 보라.

안 되는 것을
억지로 하지 말고
잘 안 될 때는
다르게 하라.

안 된다고
금방 바꾸지 말고
조금 참고
기다려 보라.

심지 않은 것을
거두려 하지 말라.
그것은 오히려
화를 가져오는 것이니

해보지도 않고
타령만 하지 말라.

약자의 착각이요
게으른 자의 변명이니

당연한 것을 기대하라.
되지 않을 수 없도록
되지 않는 것이 이상하도록
일상의 반복을 수행하라.

될 때까지
마지막까지
참고 기다리라.
인내가 곧 기적인 것이니

누가 오래
누가 끝까지
견디어 내는지?
그것이 바로 성공의 열쇠이니

그들이 하는 일과 그들의 행위대로 갚으시며 그들의 손이 지
은 대로 그들에게 갚아 그 마땅히 받을 것으로 그들에게 갚으
소서! Psalms 28:4

29. 거룩한 옷

나는 간다.
거룩한 옷을 입고
하늘의 길을
걸어간다.

화려한 옷을 원하는가?
권위의 옷을 구하는가?
왕궁으로 나가보라.
연극판에 찾아가라.

일장의 춘몽이요
한낮의 초개로다.
억지의 춘향이요
광대의 놀이로다.

자유의 옷을 입고
순례에 나서보라.
진리를 깨우쳐
참 나를 얻으리라.

죽음의 옷을 입고
무덤에 들어가라.

매일 죽고 매일 살아.
영원을 관통하라.

겸손의 옷을 입고
땅으로 내려오라.
가난의 옷을 입고
단순하게 살아가라.

온유의 옷을 입고
친절을 실행하라.
사랑의 옷을 입고
나눔을 실천하라.

허영의 옷을 벗고
진실을 옷 입으라.
네 소유를 모두 팔아
구원의 옷을 사라.

여호와께 그의 이름에 합당한 영광을 돌리며 거룩한 옷을 입
고 여호와께 예배할지어다. Psalms 29:2

30. 산같이

산같이 자리에 앉습니다.
허리를 세우고
눈을 지그시 감고
나 자신을 바라봅니다.

어디든지
내가 앉는 자리가
하늘을 만나게 되는
은혜의 자리입니다.

산같이 숨을 쉽니다.
숨을 밑으로 내려
아래로 낮아집니다.
들숨과 날숨이 고요히 드나듭니다.

산같이 미소를 짓습니다.
깨달음과 평정의
영원한 미소입니다.
언제나 그는 거기에 있습니다.

산을 가슴에 품습니다.
그 안에 내가 있고

내 안에 그가 있습니다.
우리는 하나입니다.

나는 산입니다.
오래 앉아있으면
항상 그를 바라보면
우리는 그렇게 산이 됩니다.

산의 마음을 가집니다.
나쁨도 없고
싫음도 없는
우리는 같은 생명입니다.

아무리 어려워도
흔들리지 않습니다.
고난도 내겐 유익입니다.
모든 것이 합력하여 선을 이룹니다.

주의 은혜로 나를 산 같이 세우셨더니 주의 얼굴을 가리시매
내가 근심하였나이다. Psalms 30:7

31. 고통의 찬가

고통 가운데
당신은 계십니다.
고통 속에서
당신을 만납니다.

고통은 생명을 잉태하고
그 속에서 우리는 태어납니다.
고통은 축복이고
고통은 은혜입니다.

고통 없이 태어난
생명이 없듯이
고통 없이 이루어진
역사는 없습니다.

그리하여 고통은
우리의 기쁨이 되고
고통은 또 다른
축복의 기회가 됩니다.

고통이여, 오라.
나, 너를 맞이하리라.

너, 생명의 고통이여!
나에게로 오라.

나, 생명을 출산하리라.
나, 생명의 기적을 만들리라.
너를 거부하지 않으리라.
너를 사랑하리라.

바람이 불고
눈보라 날리는
생명의 산에 올라
나, 거기에서 생명의 꽃을 피우리라.

나의 영을 주의 손에 부탁하나이다.
당신께서 우리를 속량하셨나이다.
주의 얼굴을 주의 종에게 비추시고
주의 사랑으로 우리를 구원하소서!

내가 고통 중에 있사오니 내게 은혜를 베푸소서! 내가 근심 때
문에 눈과 영혼과 몸이 쇠하였나이다. Psalms 31:9

32. 길을 찾아서

①
당신을 찾아가나이다.
어디에 당신은 계시는지?
산을 넘고 물을 건너
지구의 끝, 거기에 계시는지?

시간의 끝자락에 서서
더 이상 남아있지 않은
마지막 벼랑에서
이제야 조금 철이 들었는지?

도시를 헤매며
헛된 길을 방황하고
세상의 환락에 취해
젊은 날을 보냈습니다.

당신의 모습을
그 고운 자태를 잃어버리고
꿈속에 취해
시간을 다 보내고 난 뒤

이제 세월의

나무 밑에 앉아
지나온 삶을 돌이키며
통한의 눈물을 흘립니다.

영원의 기쁨이
거기에 있었는데
진리의 생수가
그곳에서 흘렀는데

앞을 보지 못하는 장님처럼
소리를 듣지 못하는 귀머거리처럼
절뚝거리고 비칠거리며
한평생을 살았습니다.

이제 다시
길을 떠납니다.
당신이 계신 그곳을 찾아
엎드려 기어서 걸어갑니다.

조용히 사랑의 피를 뿌리며
경건하게 두 손을 모으고
당신 가신 그 길을
무릎으로 걸어갑니다.

②
기회가 올 때마다
그 기회를 붙잡으라.
오직 준비된 자만이
기회를 잡을 수 있으니

마음을 열고
모든 것 내려놓고
신의 뜻을 기다릴 때
하늘의 기회가 찾아오는 것.

기회가 찾아오면
그것에 몸을 던지라.
사랑 없는 아쉬움 보다
피 흘린 상처가 영광된 것이니

목숨을 연명하며
하루를 살아가는 것보다
감동의 이야기를 남기는 것이
얼마나 아름다운가?

기회가 올 때마다
시간을 내어 기도하라.
절대자와 만나는 시간은
살아있는 신비이니

일상의 생활과
평범한 삶을 넘어
경외에 들어가는
또 다른 시간이니

기회가 올 때마다
마음을 풀고 용서하라.
땅에서 풀면
하늘에서도 풀릴 것이니

세월이 짧으니라.
바람같이 흐르는 시간.
후회로 무덤에 들어가지 말고
너 자신을 여기에 불태우라.

모든 경건한 자는 주를 만날 기회를 타서 주께 기도할지라. 진실로 홍수가 범람할지라도 그에게 미치지 못하리이다. Psalms 32:6

33. 새 노래

오늘 내린
새벽이슬을
마음에 모아
당신께 드립니다.

오늘의 노래는
어제의 노래가 아니고
어제의 노래는
오늘의 노래가 아니듯

새로 시작된 오늘은
오늘의 노래이며
다가올 내일은
내일의 노래입니다.

아무도 듣지 못한
하늘의 노래이며
아무도 마시지 못한
사랑의 찻잔입니다.

매일 나의 자리에서
새 노래를 짓습니다.

하늘의 계시를 받아
새 노래를 부릅니다.

나에게 주어진
유일한 일이며
내가 할 수 있는
가장 거룩한 일입니다.

내가 부를
영혼의 노래이며
평생에 드릴
마음의 노래입니다.

오늘도 당신의
노래를 부릅니다.
지금 내가 부를
생명의 노래입니다.

새 노래로 그를 노래하며 즐거운 소리로 아름답게 연주할지어
다. Psalms 33:3

34. 항상

항상 마음을 살핍니다.
한평생 변함없이
한 점의 흐트러짐 없이
날마다 당신 앞에 나아갑니다.

내가 가장 좋아하고
내가 가장 잘하는 일.
이렇게 당신 앞에
앉아있는 일입니다.

내가 살아가는 이유,
내가 목숨을 부지하는 이유,
이렇게 당신의 노래를
부르는 일입니다.

입술을 열 때마다
비천한 숨을 쉴 때마다
생명을 내 안에 들이며
당신을 생각합니다.

당신을 찬양하며
생명의 노래를 부릅니다.

당신의 노래를
내 입에서 그치지 않습니다.

당신만을 자랑합니다.
지금 내 영혼이
가난한 마음으로
당신의 노래를 부릅니다.

당신을 간절히 찾았더니
당신께서 내게 응답하시고
모든 두려움에서
나를 건져내셨습니다.

내 혀로 악한 말을 하지 않겠습니다.
내 입술로 거짓을 말하지 않겠습니다.
악한 일을 피하고 선한 일을 하겠습니다.
평화를 찾기까지 있는 힘을 다하겠습니다.

내가 여호와를 항상 송축함이여, 내 입술로 항상 주를 찬양하
리이다. Psalms 34:1

35. 그의 구원

우리를 건지소서!
무의미의 반복에서
지루함의 연속에서
생지옥의 윤회에서

아무런 희망도 보이지 않는
죽음의 심연에서
도저히 생존할 힘이 없는
구조적 가난에서

더 이상 살아갈
의욕도 사라지고
모든 삶의 의지를 잃어버린
절망의 나락에서

온통 장벽으로 둘러싸여
어떤 외침도 들리지 않고
잔인한 인간성이 숭배되는
전쟁과 폭압의 체제에서

한줄기 빛도 보이지 않고
한 발자국 걸어갈 힘도 없는

낙담의 수렁에서
모든 것을 놓아버린 자포자기에서

뼈를 깎는 수행도
몸을 불태우는
헌신도 잃어버린
무기력한 일상에서

금식의 부르짖음도
굵은 베옷의 애도도
아무런 응답이 없는
깊고 오랜 냉소에서

내 영혼을 구원하소서!
나의 생명을 건지소서!
잠잠하지 마옵소서!
멀리하지 마옵소서!

내 영혼이 여호와를 즐거워함이여, 그의 구원을 기뻐하리로다.
Psalms 35:9

36. 복락의 강물

태초부터 흘렀던 그 강은
세상의 온 땅을 돌아
이제 내 가슴에
흐르고 있습니다.

그 강은
그렇게
당신의 가슴에서
흘러왔습니다.

나는
그때부터
그 강을 따라
흘러갔습니다.

그 강은
언제나
당신 안에서
흐르고 있었습니다.

내가
에덴을 떠난 후

그토록 많은 세월이
흘렀습니다.

세월을 따라
흘렀던 그 강물은
지금 다시 내 안에 솟아나와
내 영혼을 적시고 있습니다.

당신 안에
모든 것이 있습니다.
그 안에서
모든 것을 얻습니다.

생명의 원천이 여기에 있사오니
우리가 어디로 가리이까?
당신의 빛 안에서
우리가 빛을 보리이다.

그들이 주의 집에 있는 살진 것으로 풍족할 것이라. 주께서 주의 복락의 강물을 마시게 하시리이다. Psalms 36:8

37. 먹을거리

오늘의 전사는
칼날 같은 산에 올라
꺼지지 않는 진리의 불을
가져오나이다.

아무런 말도
필요가 없습니다.
그저 반복해서
정상에 오를 뿐입니다.

피 묻은 무릎으로
당신께 나아갑니다.
세상을 바라보지 않습니다.
그들을 시기하지 않습니다.

그들은 그들의 삶이 있고
나는 나의 삶이 있습니다.
그것이 나의 숙명이고
그것이 나에게 주어진 길입니다.

내게 주어진
한 뼘의 자리에서도

아직 나의 할 일이
남아 있습니다.

무엇이든
할 수 있습니다.
어디든지
갈 수가 있습니다.

오늘도 하늘을 향해
나의 팔을 벌리고
내가 져야할
십자가에 오릅니다.

누가 뭐래든 어떤 어려움이 있든
나는 나의 길을 갑니다.
그것이 내가 먹어야 할
오늘의 밥입니다.

여호와를 의뢰하고 선을 행하라. 땅에 머무는 동안 그의 성실
을 먹을거리로 삼을지어다. Psalms 37:3

2 장

용사의 노래

38. 당신의 화살

당신의 화살이 나를 찔렀습니다.
가시떨기 불꽃이
나를 태웠습니다.
나는 불타는 숯덩이가 되었습니다.

내 백성들이 보였습니다.
목자 없는 양같이
갈 길을 잃어버린
절망의 노예들.

당신의 화살에 맞은
나의 가슴은
사랑의 불로 타올랐습니다.
나는 그들을 위해 죽어야 되었습니다.

그들이 내 눈에 밟혀
더 이상 앞으로 갈 수가 없었습니다.
나의 젊음을 거기에 바쳤습니다.
그래서 다시 살아날 수밖에 없었던가요?

당신의 불타는 가슴이
내 눈을 찔렀습니다.

그래요,
사랑이 전부였습니다.

사랑이 모든 것을 해결합니다.
사랑으로 모든 상처는 치유를 받습니다.
거기에 구원의 길이 있었습니다.
그것이 우리의 구원이었습니다.

이제 다시
길이 시작됩니다.
복수의 칼을 거두고
사랑의 화살에 맞는 것.

우리에게 역사가 맡겨졌습니다.
새로운 역사를 써야 합니다.
전쟁과 칼의 역사가 아니라
당신의 나라를 이루는 생명의 역사입니다.

주의 화살이 나를 찌르고 주의 손이 나를 심히 누르시나이다.
Psalms 38:2

39. 무상

어떤 것이 사라진다고
그 존재가 없어지는 것은 아니니
그것은 다만 내 눈 앞에서
사라지는 것이다.

그만큼 나라는 존재는
유한한 것이고
언젠가 모두가
사라질 것이다.

욕심은 존재하지 않는다.
그것은 내 안에서 존재하는
마음의 움직임이다.
그러니 그것이 존재하는 것인가?

욕망은 그것을 잡을 수 없을 때
저절로 사라져간다.
굳이 없애려고
노력할 필요도 없는 것.

인간의 노력이라는 것이
얼마나 하찮은 것인가?

하루에도 열두 번
사라지고 나타난다.

그것을 깨달아 아는 자는
그것이 부질없는 것이고
헛된 것이라는 것을 알기에
더 이상 집착을 버리게 된다.

모든 것은 마지막이 있다.
다만 사라지지 않으려고
그것이 사라질 때까지
몸부림을 치는 것뿐.

진리를 아는 자의 눈엔
모든 것이 그림자처럼 빠르게 지나간다.
그리고 그 속에서 자신을 바라본다.
나에게 존재하는 것은 과연 무엇인가?

나의 종말과 연한이 언제까지인지 알게 하사 내가 나의 연약
함을 알게 하소서! Psalms 39:4

40. 내가 왔나이다

세상을 한 바퀴 돌아
모든 것을
돌아보고 난 뒤
내가 왔나이다.

여기에
마지막 남은
나의 기도를 들고
당신께 돌아왔나이다.

더 이상 내가 갈 곳이
남아 있지 않나이다.
이제 다른 길을 찾기에는
너무 늦었나이다.

당신의 품에서
영원의 법을 묵상하며
거기에 묻히기를
원하나이다.

세상이 진정 헛되고
때가 되면 모든 것이

사라진다는 것을
이제야 알았나이다.

그 무상함을
알기까지에는
너무나 많은
세월이 흘렀나이다.

여기에 나의 마음이 있나이다.
비록 낡은 세월의 부스러기이지만
그래도 아직은
온기가 남아있나이다.

이것이 내가 당신께 드릴
마지막 제물이나이다.
나를 받으소서!
그리고 당신의 문을 열어주소서!

그때에 내가 말하기를 내가 왔나이다. 나를 가리켜 기록한 것
이 두루마리 책에 있나이다. Psalms 40:7

41. 병상에서

당신을 바라보는 시간.
당신께 돌아가는 시간.
약하다는 것이
너무 큰 은혜입니다.

나 자신을 돌아봅니다.
이 시간이 없다면
나는 하늘에 올라
당신을 내려다 볼 것입니다.

자랑할 것이 그렇게 없어서
나의 강함을 자랑하고
그것을 내 노력으로 얻은 것처럼
으스대며 까불었습니다.

내 자랑은 약함이고
내 강함은 아픔이었습니다.
그것으로 당신 앞에
머리를 숙이게 됩니다.

심은 대로
거두는 것이라 하셨으니

나의 질병은
내가 거두는 것.

병상에서 우리는
당신을 고백합니다.
지나온 생활을 돌이키며
새로운 삶을 시작합니다.

받은 은혜가
내게 족합니다.
당신을 잃어버린 건강보다
당신을 기억하는 질병이 축복입니다.

생명의 주여,
내게 은혜를 베푸소서!
내가 범죄 하였사오니
나를 고치소서!

여호와께서 그를 병상에서 붙드시고 그가 누워있을 때마다 그의 병을 고쳐주시나이다. Psalms 41:3

42. 갈망

당신이 그리웠습니다.
당신의 사랑을 느끼고 싶었습니다.
진정한 사랑이 무엇인지,
나는 알 수가 없었습니다.

당신의 이름을 불러보고 싶었습니다.
얼마나 부르고 싶었던 이름인지요?
당신의 얼굴을 그리고 싶었습니다.
당신의 얼굴이 생각나지 않았습니다.

항상 같이 사는 자들은
그것을 모를 것입니다.
부족함을 모르는 자들은
당신을 그릴 수가 없습니다.

세상에 취해있는 자들은
당신을 바라지 않습니다.
진정 목마른 자들만
당신 앞에 나아옵니다.

마음의 성소를 비우고
당신을 기다렸습니다.

목마른 사슴이 시냇물을 찾듯
내 영혼은 당신을 찾았습니다.

하루의 아침을 열며
당신을 사모했고
밤새워 꿈속에서
당신을 찾았습니다.

바람소리가 다르게 들리고
하늘의 구름이 내려오기만 해도
당신이 오실까 마음의 문을 열고
당신의 발자국을 기다렸습니다.

오늘도 그리움에 젖어
이렇게 당신을 기다립니다.
나의 희망, 나의 전부여!
나의 사랑, 나의 근원이여!

내 영혼이 살아계시는 하나님을 갈망하나니 내가 어느 때에
나아가서 하나님의 얼굴을 뵈올까? Psalms 42:2

43. 나를 이끄소서

당신의 거룩한 산으로
나를 이끄소서!
당신의 자리로
나를 인도하소서!

그리하여 마침내
모래의 폭풍을 뚫고
당신이 계시는 곳에
이르게 하소서!

매일 아침 일어나
떨리는 마음으로
나의 몸을 씻고
길을 떠납니다.

모든 인연을
허공에 내려놓고
당신을 바라보며
산길을 오릅니다.

거기에 가면
당신을 뵈올 수 있을까?

거기에 서면
당신을 만질 수 있을까?

나에게 남겨진
한 가지 소망,
당신의 얼굴을 그리며
인생의 수를 놓습니다.

천만년 빙하 속에
억만년 바위 안에
언제나 당신은
그 속에 계시는지?

당신의 빛을 비추소서!
당신의 진리를 보내소서!
내 영혼의 눈을 열어
당신을 보게 하소서!

주의 빛과 진리를 보내시어 나를 인도하시고 주의 거룩한 산
과 주께서 계시는 곳에 이르게 하소서! Psalms 43:3

44. 마음의 비밀

당신은 우리를 아시나이다.
당신이 행한 일을
우리에게 알려주셨나이다.
우리는 그 비밀을 들었나이다.

생각이 모여
불을 일으키나이다.
무슨 불을 밝힐까는
우리의 선택이나이다.

당신을 향해
마음을 모으나이다.
사랑과 그리움이 만나
열매를 맺나이다.

인내의 시간이 쌓여
진주를 만드나이다.
끝까지 참아냄에
법열이 있나이다.

끝없는 반복이
산을 무너뜨리나이다.

수행의 산을 깎아
바늘귀를 만드나이다.

어떤 상황에서도
기도의 바퀴를 돌리며
아무런 흔들림 없이
길을 걸어가나이다.

두 손을 모아
진리의 불을 밝히고
몸과 마음을 바쳐
엎드리나이다.

버려야 오르고
놓아야 산다며
그것이 하늘의 길이라고
말씀하셨나이다.

하나님이 이를 알아내지 아니하셨으리이까? 무릇 주는 마음의
비밀을 아시나이다. Psalms 44:21

45. 용사의 노래

용사여, 나오라.
날 서린 칼을 차고
너의 마음을 모아
어둠을 물리치라.

얼굴에 웃음을 가득 띠우고
머리칼을 바람에 흩날리며
아무런 사심과 욕심도 없이
그렇게 앞으로 나아오라.

감출 것도 없고
물러설 것도 없으니
너의 모든 힘을 다해
생명의 나라를 세우라.

비겁한 자 물러가고
용감한 자 나아오라.
하나밖에 없는 너의 생명.
하늘의 명을 받들어라.

숫자에 기죽지 말고
엄포에 흔들리지 말며

오직 진리의 깃발을
하늘 높이 세우라.

육신의 먹을 것에
침 흘리지 말고
허세의 권력 앞에
무릎을 꿇지 말라.

너 하나 바라보는
하늘 아버지가 계시니
무엇이 두려우랴?
무엇이 부러우랴?

너, 하늘의 자녀여!
너, 생명의 용사여!
너의 손에 천국이 달려있고
너의 발에 구원이 달려있으니…

용사여, 칼을 허리에 차고 왕의 영화와 위엄을 입으소서!
Psalms 45:3

46. 새벽

언제 당신이
찾아오실지
날마다 깨어
기다립니다.

어둠이 짙을수록
아침이 가까웠기에
새벽의 영혼은
희열입니다.

모두 깊은 잠에
취해 있어도
내 마음은 당신을
갈망합니다.

역사의 새벽을
밤새워 기다리며
의식의 새벽을
키워갑니다.

밤과 아침이 교차하고
어둠과 빛이 갈라지는

이 거룩한 시간,
나 항상 깨어 맞이합니다.

사랑을 기다리는
신부가 되어
오늘도 새벽을
노래합니다.

사랑이여, 오세요.
내 어둠을 비추세요.
당신의 빛으로
나를 태우세요.

나, 어둠을 밝히는
한 송이 불꽃으로
오늘도 당신을 따라
길을 나섭니다.

하나님이 그 성중에 계시매 성이 흔들리지 아니할 것이라. 새
벽에 하나님이 도우시리로다. Psalms 46:5

47. 지혜의 시

당신을 앎이
최상의 지혜이며
당신을 찬양함이
최고의 시입니다.

당신이 주신
생명의 기운으로
하늘의 뜻을
이루어 갑니다.

다 가질 수 없사오니
다 주시지 않사오니
어찌 헛된 영화에
빠질 수 있습니까?

당신은 공평하신 분
당신은 지혜로우신 분
가장 좋은 한 가지만
택하라 하십니다.

당신을 따르는
가난한 마음으로

허물의 옷을 벗고
노래를 부릅니다.

자리에서 일어나
마음을 다하여
주어진 자리에서
노래를 적습니다.

당신께 바칠
새 노래를 지어
당신의 성소에
올려드립니다.

나의 영혼을
깎고 다듬어
당신의 형상을
만들어 갑니다.

하나님은 온 땅의 왕이시라. 지혜의 시로 찬송할지어다. Psalms
47:7

48. 시온 산

거기에서
당신을 만났습니다.
그때 당신의 얼굴을
뵈었습니다.

시간의 흐름이
멈추었던 순간,
생명의 근원이
찾아왔습니다.

정상에 흐르는
눈바람 속에서
당신의 음성을 들었습니다.
숨을 쉴 수가 없었습니다.

감히 범접할 수 없는
당신의 신비,
내가 있어야 할
자리였습니다.

떨어져 내리는
빙하의 소리는

나를 반기는
인사였습니다.

떨리는 마음으로
그 선을 넘어
당신의 세계로
들어갔습니다.

함부로 넘어오지 말라는 것은
쉽게 가볍게 오지 말고
준비하고 넘어오라는
그 말씀이었습니다.

그렇게 살기로 하였습니다.
날마다 당신의 거룩한 산에 올라
당신의 깊은 뜻을 헤아리며
당신의 길을 따르겠습니다.

터가 높고 아름다워 온 세계가 즐거워함이여. 큰 왕의 성 곧 북
방에 있는 시온 산이 그러하도다. Psalms 48:2

49. 운명

천지가 갈라지고
우주가 폭발하는
생명 창조의
그 시간에

당신은 나에게
하나밖에 없는
그 귀한 당신의 숨결을
나누어주셨습니다.

그것이
영혼의 시작이고
영원에 도달하는
길이었습니다.

당신의 사랑이
나의 생명이니
사랑 없는 삶은
사라지는 바람입니다.

그런데 어찌 내가
그 길을 버리고

꺼지지 않는 불 속에서
헤맬 수 있겠습니까?

당신이 떠나시면
하늘이 무너지니
당신 없는 삶이라면
무슨 유익이 있겠습니까?

이제 다시
그 길을 찾아
당신 앞에 나와
무릎을 꿇습니다.

다 얻었다 함도 아니요
다 이루었다 함도 아니지만
그것은 나의 운명을 깨뜨리는
새로운 시작입니다.

존귀하나 깨닫지 못하는 사람은 멸망하는 짐승 같도다. Psalms
49:20

50. 환난 날

당신의 이름을 부릅니다.
잔인한 세상의 한가운데에서
더 이상의 희망을 잃어버리고
탄식과 한탄의 밤을 지새웁니다.

부를 이름이 있다는 것은
아직 희망을 가질 수 있다는 것이고
무언가 희망을 가지고 있다는 것이며
무엇인가 붙잡고 있다는 것인데

그래도 이름을 부른다는 것은
그의 실체를 존재하게 하며
그를 죽음에서 건져내는 것이고
새롭게 희망을 가지겠다는 것인데

이것이 우리가 할 수 있는 마지막 몸부림이고
캄캄한 하늘을 빛으로 여는 것이니
다시 그의 이름을 부르며
이렇게 기도를 드립니다.

수많은 사람들이
똑같이 그의 이름을 부르며

그들의 기도를 드립니다.
과연 그는 어떤 부름에 응답할 것인지?

기도란 욕심을 이루는 것이 아니고
그분과 하나가 되는 것이며
그러면 모든 것을 가지게 된다는 것을
그들은 알고 있는 것일까요?

몸으로 기도를 드립니다.
날마다 당신 앞에 나아와
나의 삶으로 이름을 부르며
내 안에서 당신이 살아나게 합니다.

진정한 사랑이란
사랑의 몸이 내 안에 들어와
생명을 사랑하는 몸이 된다는 것을
오늘 이제야 깨닫게 됩니다.

환난 날에 나를 부르라. 내가 너를 건지리니 네가 나를 영화롭
게 하리로다. Psalms 50:15

51. 인자

자비를 베푸소서!
당신은 인자한 분.
사랑을 기뻐하시고
불의를 슬퍼하시며

무조건적인 긍정으로
대가를 바라지 않으시는
언제나 실패하지 않는 사랑
영원히 떨어지지 않는 사랑.

긍휼의 가슴으로
아픔에 공감하며
뜨거운 동정으로
같이 울어주시는 분.

당신의 찢어진 마음엔
사랑의 피가 흐르고
당신의 굳어진 손과 발엔
아픔의 살이 박혔습니다.

내 죄악을 지우소서!
욕심의 경계를 넘어

욕망의 노예가 되어
그렇게 세상을 살아왔습니다.

살육의 죄에
저항하지도 못하고
그것을 따라가고 있는
나약한 죄인입니다.

얼마나 차가운 마음인가요?
자신만 생각하며
혈육을 넘어서지 못하고
진리에 눈이 먼 소경이었습니다.

이제 다시 당신을 따라
사랑의 길을 떠납니다.
내 눈을 열어주소서!
당신을 보게 하소서!

주의 인자를 따라 내게 은혜를 베푸시며 주의 많은 긍휼을 따
라 내 죄악을 지우소서! Psalms 51:1

52. 푸른 나무

당신의 성소에 심겨있는
푸른 나무가 되고 싶습니다.
당신의 집에서 열매를 맺습니다.
사랑의 열매를 당신께 드립니다.

온유의 입술로
당신을 노래합니다.
아무것도 바라지 않고
선한 계획을 품습니다.

당신의 인자하심을
사모하며 따릅니다.
악이 아니라 선을 사랑하며
거짓이 아니라 정의를 사랑합니다.

당신의 말씀을 묵상하며
그 말씀을 따라 살아갑니다.
언제나 당신 앞에
나의 성유를 바칩니다.

그들의 열매로
그들을 알 수 있다 하셨기에

나의 거룩한 열매를
당신께 드립니다.

나를 찾으실 때
언제나 당신께 드릴
그 열매를 준비합니다.
안으로 단단한 열매를 맺습니다.

당신이 찾으실 때
이파리만 무성한 나무가
되지 않기 위해
깊이 뿌리를 내립니다.

가뭄에도 마르지 않고
태풍에도 넘어지지 않는
언제나 푸른 나무가 되어
당신께 기쁨을 드리겠습니다.

하나님의 집에 있는 푸른 감람나무 같음이여, 하나님의 인자하
심을 영원히 의지하리로다. Psalms 52:8

53. 어리석은 자

잘도 살아간다.
자기를 살피는 통찰도 없이.
두려움도
겸손함도 없이.

다 주셨지만
다 할 수 있지만
마지막 지켜야 할
경계는 있는 법인데…

그 고삐까지 풀리면
패역한 망아지가 되어
주인까지 치고받는
몹쓸 것이 되는 것인데…

진정한 깨달음은
그 한계를 지키고
하늘 앞에 조용히
고개를 숙이는 법인데…

지금 좋다고
다 좋은 것은 아니고

그 결과를 끝까지
지켜봐야 하는 것인데…

다 할 수 있다고
다 해서는 안 되는 것이고
다 하고 싶어도
다 할 수는 없는 법인데…

참아내고 막아내며
억누르고 절제해서
우리들을 있게하신
그 뜻을 따라야 하는 것인데…

그것을 알게 하소서!
그 뜻을 따르게 하소서!
나 자신을 이기게 하소서!
마지막 승리를 얻게 하소서!

어리석은 자는 그의 마음에 이르기를 하나님이 없다 하도다.
그들은 부패하며 가증한 악을 행함이여, 선을 행하는 자가 없
도다. Psalms 53:1

54. 낙헌제

행복보다 수행이다.
성공보다 생명이다.
일생 끝나지 않을
평생 드릴 제물이다.

속도가 아니라 방향이다.
내가 가는 방향만 올바르다면
시간은 아무런 문제가 되지 않는다.
언젠가는 반드시 목적지에 도달하게 될 것.

발을 내려다보지 않고
하늘의 별을 올려다본다.
삶이 아무리 힘들어도
누구에게나 성취할 힘은 있는 법.

항상 처음 가는 인생.
두려움 없이 맞이한다.
지금 힘이 드는가?
그러면 제대로 가는 것이다.

넘어지는 것을 두려워하면
결코 일어설 수가 없다.

운명과 맞서 싸울 때
거기에서 기적은 일어난다.

가슴이 뛰는 일을
즐기면서 한다.
스스로 즐겁지 않은데
어찌 성공할 수가 있겠는가?

내 삶을 누구에게 맡기지 않는다.
포기하려거든 차라리 실패를 한다.
처음부터 정해진 것은 아무것도 없다.
인생에서 너무 늦은 때는 없다.

칼끝에 목표를 세우고 그것에 몰입한다.
천천히 멈추지 않고 끝까지 간다.
계속 가다보면 마지막이 보일 것이고
어느 날 하늘이 열리게 될 것이다.

내가 낙헌제로 주께 제사하리이다. 여호와여, 주의 이름에 감
사하오리니 주의 이름이 선하심이니이다. Psalms 54:6

55. 나의 광야

사람마다 모두
자기의 광야가 있습니다.
진정한 자아를 살필
지성소가 있습니다.

거기에서 우린
자신을 만나고
자신을 돌아보며
하늘을 열어갑니다.

당신이 주신
생명의 광야.
거기에서 나는
초월을 만났습니다.

오늘도 나는
그 광야로 들어갑니다.
나는 거기에서
새로 태어났습니다.

내가 부화한
생명의 둥지,

나의 우주가
휘장을 걷습니다.

눈을 감으면
계시가 내려오고
마음을 모으면
하늘이 열리는 곳.

나는 거기에
있어야 합니다.
내가 머물 곳이
바로 거기입니다.

사랑의 날개를 달고
나의 광야로 날아가
나를 기다리는 이들을
가슴으로 안습니다.

내가 멀리 날아가서 광야에 머무르리로다. Psalms 55:7

56. 눈물

당신의 눈물을 보았습니다.
나의 가슴에 떨어진
불타는 진주.
그때 거기에서 불이 일어났습니다.

새까맣게 타버린
나의 가슴 속에서
한 떨기 붉은 꽃이
피어났습니다.

그것은 눈물의 부활이었습니다.
다시 노래가 시작되었습니다.
타버린 가슴을 움켜잡고
날마다 밤을 지새웠습니다.

오늘도 나의 광야에서
당신의 노래를 부릅니다.
노래를 잃어버린 순간,
당신을 잃어버렸습니다.

내가 이렇게 숨을 쉬는 이유는
당신의 노래를 부르기 위함인 것.

당신이 주시는 노래를
나의 가슴에 기록합니다.

당신의 두루마리에
나의 눈물을 적십니다.
내가 부르는 마음의 노래를
당신의 항아리에 담습니다.

눈물의 노래가 변하여
기쁨의 향이 되고
어둠을 밝히는
촛불이 됩니다.

나의 앞에 펼쳐진
광야를 걸어갑니다.
나의 입술을 열어
노래를 부릅니다.

나의 유리함을 주께서 계수하셨사오니 나의 눈물을 주의 병에
담으소서! Psalms 56:8

57. 새벽을 깨우리라

당신의 시간입니다.
태양이 꿈틀거리며 올라오고
생명은 하루를 준비하는
가장 거룩한 시간.

나도 당신을 따라
자리에서 일어납니다.
굳어진 몸을 풀며
정결한 몸을 만듭니다.

내 자리에 앉아
당신을 생각합니다.
밝은 명상으로
미망을 밝힙니다.

나 자신을 바라봅니다.
태초부터 쌓여온
의식의 집합입니다.
그 속에 내가 있습니다.

나는 무의식의 바다에 떠있는
한 송이 연꽃입니다.

은은한 향기가
천지에 퍼집니다.

물결을 따라
세상을 흘러갑니다.
붉은 햇살이 비쳐옵니다.
나는 한줄기 빛이 됩니다.

아랫배로 들어온 들숨은
내 단전에 모여
불을 일으킵니다.
따뜻한 기운이 퍼져갑니다.

나는 빈 배가 되어
모든 날숨을 뱉어냅니다.
영원으로 변하는 나의 순간,
내가 당신께 드릴 전부입니다.

내 영혼아 깰지어다. 비파야 수금아 깰지어다. 내가 새벽을 깨
우리로다. Psalms 57:8

58. 아직도

너희가 정의를 따르고
하늘 뜻을 말해야 하거늘
아직도 그렇게 잠잠한가?

너희가 올바르게 판단하고
평화를 이루어야 하거늘
아직도 그렇게 불의한가?

자기 배만 채우며
자기 목구멍만 생각하는
패역하고 못된 것들.

서로가 생명의 사슬로
연결된다는 것을 모르고
전쟁과 파괴를 일삼고 있구나.

이웃이 죽으면 네가 죽고
형제가 살아야 서로 산다는 것을
아직도 그렇게 알지 못하는가?

생명의 자궁에서 태어났으니
생명으로 나아가야 할 터인즉

헛된 길로 나아가 거짓을 따르는 도다.

그들의 독은 뱀의 독 같으며
그들은 귀를 막은
귀머거리 독사 같으니

주인의 소리도 듣지 않고
주인의 말도 따르지 않는
미친 들개와 같도다.

그들의 입에서 이를 꺾으소서!
흐르는 물같이 사라지게 하시고
그들의 화살을 꺾으소서!

평화가 강같이 흐르게 하시며
진실로 의인에게 갚음이 있는
당신의 심판을 깨닫게 하소서!

아직도 너희가 중심에 악을 행하며 땅에서 너희 손으로 폭력
을 달아주는 도다. Psalms 58:2

59. 높이 드소서

이대로 사라지기는
죽기보다 싫습니다.
내 배만 불리다가
끝나고 싶지는 않습니다.

당신께 쓰임 받아
높여지기를 원합니다.
이름을 남기고 싶은 것이 아니라
후회함이 없이 죽고 싶은 것입니다.

많은 사람들이 그대로 살라고,
어렵게 살 필요가 있느냐고 하지만
그것은 필요의 문제가 아니라
본질의 문제입니다.

되는 대로
편한 대로
대충 사는 것이
나의 목적이 아닙니다.

그렇게 살 바에야
일찌감치 삶을 정리하고

하늘로 가는 것이
서로에게 좋을 것입니다.

먹을 것을 추구하고
명예와 권세를 누리며
사람들에게 높임 받는 것이
나의 전부가 아닙니다.

그것은 누구나 하는 것입니다.
그런 것은 누구나 할 수 있습니다.
그러나 나는 당신 앞에서
당신의 길을 따르고자 하는 것입니다.

수난의 극복이 나의 목표이고
고난은 나를 연단하는 것이며
환난은 나의 가치를 더해줍니다.
그렇게 해서 나를 당신께 바치고 싶은 것입니다.

나의 하나님이여, 나의 원수에게서 나를 건지시고 일어나 치려
는 자에게서 나를 높이 드소서. Psalms 59:1

60. 지금은

지금은 당신의 때,
당신 앞에 조용히 나아가나이다.
당신이 준비하신 자리에 앉나이다.
우리를 회복시키소서!

땅을 진동시키시고
갈라지게 하셨으나
그 틈을 기우소서!
우리가 흔들리나이다.

당신을 경외하는 자에게
생명의 깃발을 주시고
당신의 나라를 위하여
높이 달게 하소서!

이제 믿음을 넘어
수행으로 나아가나이다.
거룩한 생활로
당신을 따르나이다.

우리는 당신에게
핑계할 수 없나이다.

모든 것을 우리에게 맡기셨으니
모든 책임은 우리에게 있나이다.

인간이 만들어낸
경계선을 넘어
평화의 노래가
울려 퍼지나이다.

자유의 함성이
들려오나이다.
마침내 환희의 합창이
지축을 흔드나이다.

당신이 죽은 자들 가운데서
다시 살아날 때까지
우리는 이렇게
노래를 부르겠나이다.

주께서 우리를 흩으셨고 분노하셨사오나 지금은 우리를 회복
시키소서. Psalms 60:1

61. 나의 서원

내 한 목숨 다하여
당신 앞에 서는 날까지
나의 마음과 정성을 모아
생명의 노래를 부르겠나이다.

사람을 바라보지 않고
오직 당신만 바라보며
나의 삶이 기도가 되어
경건의 향기를 드리겠나이다.

당신의 길을 걸어가겠나이다.
성을 쌓아 머무르지 아니하고
아무도 가지 않은 새로운 길을 내며
영원을 향한 순례자가 되겠나이다.

두려움이 어디 있나이까?
사람들이 두려워하는 그것을
정면으로 바라보나이다.
실체를 깨달으면 즉시 밝아지나이다.

행복의 길이 아니라
성자의 길을 추구하나이다.

피 튀기는 싸움이 아니라
초월과 버림이 구원이나이다.

평생 나실인이 되겠나이다.
포도주와 독주를 입에 대지 아니하며
내 정결한 영혼을 지키겠나이다.
깨끗한 그릇으로 당신의 영을 담겠나이다.

결코 흔들리지 않겠나이다.
좌우로 치우치지 아니하겠나이다.
내가 앉을 자리에만 앉겠나이다.
내 삶을 내가 책임지겠나이다.

나의 두 손을 모아
성실과 진정을 받쳐 올리겠나이다.
한 조각의 빵을 앞에 놓고도
진심의 감사를 드리겠나이다.

그리하시면 내가 주의 이름을 영원히 찬양하며 매일 나의 서
원을 이행하리이다. Psalms 61:8

62. 입 김

흙에서 왔으니
먼지로 돌아가고
숨에서 왔으니
쉼으로 들어간다.

바람 한번 불면
모두가 사라지고
태양이 떠오르면
안개처럼 흩어질 것.

하늘로 올라가면
비 되어 내려오고
강물이 흘러가면
바다에서 만나는데

우리가 살아생전
무엇을 할 것인가?
그분 주신 숨결 받아
생명으로 살아가리.

생기가 떠나가면
육신만 남게 되어

이 한 몸 썩어져서
냄새만 풍겨나니

높은 사람 어디 있고
낮은 사람 어디 있나?
모두가 헛것이요
한 번의 숨결이라.

부유한 사람이나
가난한 사람이나
한 번에 날아갈 입김이니
실상은 아무것도 아니로다.

바람처럼 가벼운 인생.
한숨처럼 순간의 일생.
세월을 금같이 아끼라.
구원이 이에서 남이니라.

아, 슬프도다! 사람은 입김이며 인생도 속임수이니 저울에 달
면 그들은 입김보다 가벼우리로다. Psalms 62:9

63. 나의 평생

일생,
당신을 생각합니다.
평생,
당신의 길을 걸어갑니다.

거짓된 구원과
현상에 속지 아니하고
날마다 정진하여
당신을 따릅니다.

적극적 믿음과
긍정적 신앙으로
내 욕망을 채우는
현실을 벗어나서

양심을 외면하고
소비를 찬양하며
생명을 파괴하는
죄악을 버립니다.

잘 먹고
잘 사는 것이

나의 목표가 아니라
헛되고 사악한 탐욕을 버리는 것.

번영하고 확장하여
개발하고 성장시키는 것이
내 존재의 목적이 아니라
절제의 삶을 실천하는 바로 그것입니다.

어렵고 힘들게 살겠습니다.
불편하고 단순하게
수행의 길을
걸어가겠습니다.

이렇게 나 자신을
가꾸고 갈고 닦아
당신께 나를 드리겠습니다.
당신의 미소를 짓겠습니다.

이러므로 나의 평생에 주를 송축하며 주의 이름으로 말미암아
나의 손을 들리이다. Psalms 63:4

64. 거룩한 근심

이것이 나의 출발이다.
영혼이란 무엇인가?
무엇을 위한 삶인가?
존재의 이유는 무엇인가?

이것이 순례의 시작이다.
먹고 살아가는 삶에서
진리를 찾아 떠나는
구도의 원점이다.

거기에서 인생이 시작된다.
길을 잃어버리면
항상 그곳으로
돌아가야 한다.

이것이 없다면
인간이 살아가는 것과
세상의 짐을 지고 가는 것이
무슨 의미가 있겠는가?

이것은 없는 것을
구하는 것이 아니고

사라질 몸뚱이를 위해
더 잘 먹는 것이 아니라

나를 있게 하신
그에게로 더 가까이
나아가고 싶은
나의 몸부림이다.

영원을 향한 희구.
생명을 향한 사랑.
그것은 삶에 가치를 부여하는
존재의 원천이다.

고통을 외면하고
현실에 눈을 감으며
행복의 마약을 탐하는 것은
가장 평범한 죄악 중의 하나이다.

내가 근심하는 소리를 들으시고 원수의 두려움에서 나의 생명
을 보존하소서! Psalms 64:1

65. 단비

진리에 목마르나이다.
사랑에 갈급하나이다.
당신을 갈망하나이다.
나의 입술을 여나이다.

내려오소서!
타는 목을 축이며
메마른 대지를 적셔줄
당신의 영을 기다리나이다.

길을 여소서!
당신 안에서
서로를 얼싸안고
하나가 되기를 원하나이다.

당신의 뜻을 따라
나의 칼을 거두고
한 점 두려움이 없이
당신을 따르겠나이다.

당신이 오시면
모든 것을 버리고

나를 장사지내겠나이다.
나를 불태우겠나이다.

나의 자리에서
한 그루의 나무를 심나이다.
당신께 드리는
영성의 수풀을 가꾸나이다.

당신이 내려와야 하나이다.
기진한 생명을 위해
강퍅한 영혼을 위해
당신이 오셔야 하나이다.

나를 부드럽게 하소서!
나를 옥토로 만드소서!
하늘의 문을 열어
은혜의 비를 내리소서!

주께서 밭고랑에 물을 넉넉히 대사 그 이랑을 평평하게 하
시며 또 단비로 부드럽게 하시고 그 싹에 복을 주시나이다.
Psalms 65:10

66. 즐거운 소리

소리가 있었다.
하늘이 열리고
우주가 생성되는
생명의 소리였다.

소리를 따라
길을 나선다.
신의 산에 오른다.
그 앞에 무릎을 꿇는다.

나의 소리를 얻고 싶었다.
자유의 길을 가고 싶었다.
내 영혼의 소리와 함께
하늘에 닿고 싶었다.

내 안에 갇힌 소리가
나를 흔들었다.
어머니의 소리가
들려왔다.

너의 소리를 풀어놓으라.
너만의 소리를 내라.

너의 소리가
세상을 움직이게 하라.

악의 소리를
두려워 말고
유혹의 소리에
속지 말라.

고독의 광야로 나가
너 자신과 마주하라.
내면의 소리에
귀를 기울이라.

마음의 눈을 열어
생명을 보라.
영혼의 귀를 열어
그 소리를 들으라.

온 땅이여, 하나님께 즐거운 소리를 낼지어다. Psalms 66:1

67. 소산

씨앗을 뿌립니다.
영혼의 땅에
마음을 다해
생명을 심습니다.

이것은 허공에 떠있는
독백이 아닙니다.
무에서 유를 창조하는
거룩한 노동입니다.

이것은 사라질 노래가 아닙니다.
온 몸을 던져
역사를 일으키는
마지막 사랑입니다.

이것이 실패한다면
살아갈 이유가 없습니다.
구차한 목숨을 유지할
명분이 없습니다.

희어진 밭이 보입니다.
열매를 기다리는

농부의 기도가
거기에 있습니다.

두 발을 땅에 딛고
두 눈은 하늘을 보며
넘어지면 다시 일어나
나의 대지를 일굽니다.

평생을 다하여
노래의 씨앗을 뿌립니다.
이것이 내가 남길
유산의 전부입니다.

그것으로 오늘 내가 살아갑니다.
나에게 남겨진 유일한 소망입니다.
하늘의 빛을 비추소서.
땅의 소산을 내리소서.

땅이 그의 소산을 내어 주었으니 하나님 곧 우리 하나님이 우
리에게 복을 주시리로다. Psalms 67:6

68. 대로를 수축하라

아무나 가지 않는
길을 가라.
외롭고 고독한
길을 걸으라.

아무나 갈 수 없는
그 길을 가라.
어렵고 힘든
그 길을 따르라.

좁은 길을 가라.
누구나 가는 길이 아니라
쉽게 갈 수 없는
길을 가라.

너의 길이 아니라
그의 길을 가라.
너를 위한 길이 아니라
그의 길을 곧게 내라.

진리의 길을 가고
의로운 길을 가라.

사랑의 길을 가고
생명의 길을 가라.

누구나 첫길이다.
누구나 힘든 길이다.
가다보면 길이 나고
그 길이 대로가 되리라.

누구나 홀로인 것이다.
누구나 두려운 것이다.
죽음 앞에 서면
모두가 고독한 것이다.

네가 가는 길을 믿으라.
결코 흔들리지 말라.
사람은 자기가 바라고
믿는 만큼 되는 것이다.

하늘을 타고 광야에 행하시던 이를 위하여 대로를 수축하라.
그의 이름은 여호와이시니 그의 앞에서 뛰놀지어다. Psalms
68:4

69. 열성

내가 온 것은
나의 몸을 바쳐
생명들이 살아갈
집을 짓기 위함입니다.

무엇보다
영혼이 평안하고
서로 어우러져 살아가는
당신의 집을 지어야 합니다.

사람들이
그 집에 찾아와
자리에 앉으면
저절로 기도가 되는 집.

모두가
마음을 모아
기도를 드리면
향기가 피어나는 집.

진리의 터를 닦습니다.
믿음의 기초를 세웁니다.

성화의 벽돌을 쌓습니다.
은혜의 지붕을 덥습니다.

지성소를 세웁니다.
더러운 우상을 제거하고
우슬초의 성수를 뿌리면
어둠이 물러갑니다.

당신의 집에 들어가
마음의 불을 밝힙니다.
마음의 불을 켜면 세상이 밝아지고
마음이 어두우면 우주가 캄캄합니다.

나를 구원하소서!
큰물이 내게 넘치나이다.
물들이 내 영혼을 덮었나이다.
당신의 집에서 영원을 살아갑니다.

주의 집을 위하는 열성이 나를 삼키고 주를 비방하는 비방이
내게 미쳤나이다. Psalms 69:9

70. 지체하지 마소서

생명의 주여,
용사들이 넘어지고
투사들이 항복을 하며
전사들이 등을 돌립니다.

어디에 희망이 있습니까?
배신의 시대.
패역의 세대.
어둠의 세상입니다.

꽃 같은 영혼들이
강물에 몸을 던지고
패기에 찬 젊은이들이
야망을 땅에 던졌습니다.

절망의 구름이 하늘에 가득하고
죽음의 기운이 땅을 덮었습니다.
모두가 삶의 의지를 잃어버리고
자유의 닻을 올리지 않습니다.

누더기를 걸친 노예들이
조용히 끌려가고 있습니다.

초점 잃은 하이에나가 되어
굶주린 광야를 헤매고 있습니다.

어디를 둘러보아도
빛나는 눈동자는 보이지 않습니다.
당신의 길을 묵묵히 따르는
의로운 목소리가 들리지 않습니다.

당신이 오셔야 합니다.
당신의 영을 보내주셔야 합니다.
당신이 다시 부활하셔야 합니다.
당신이 무덤 문을 여셔야 합니다.

당신이 우리의 희망입니다.
쓰러지고 쓰러져도
다시 일어서 십자가를 지는
그 모습을 보여주어야 합니다.

나는 가난하고 궁핍하오니 하나님이여, 속히 내게 임하소서!
주는 나의 도움이시요 나를 건지시는 이시오니 여호와여, 지체
하지 마소서! Psalms 70:5

3 장

가난한 자들의 노래

71. 모태

어머니, 거기는
생명의 바다였습니다.
생명의 영이
운행하고 있었습니다.

생명의 탄생은
당신의 역사입니다.
당신에 의하지 않은 생명은
존재하지 않습니다.

그래서 모든 생명은
거룩하고 위대하며
그리하여 모든 생명은
존엄하고 고귀합니다.

누가 꽃으로
당신을 때리며
누가 탐욕으로
당신을 파는 것입니까?

당신의 있음은
사랑에서 시작되며

당신의 사랑은
분노에서 출발합니다.

오, 거룩한 분노여!
위대한 생명의
꺼지지 않는
사랑이여!

당신을 축복합니다.
당신을 사랑합니다.
당신의 메마른 육신을
나의 가슴으로 껴안습니다.

모든 생명의 모태여,
복이 있으라.
당신 앞에 무릎을 꿇습니다.
생명의 노래를 부르겠습니다.

내가 모태에서부터 주를 의지하였으며 나의 어머니 배에서부
터 주께서 나를 택하셨사오니 나는 항상 주를 찬송하리이다.

Psalms 71:6

72. 솔로몬의 시

사람은 모두
상황 속에서 살아간다.
상황을 빼놓은 역사는
세상에 존재하지 않는다.

그것을 말하는 것은
상황에 따르자는 것이 아니라.
그 시대의 상황을
먼저 생각하자는 것이다.

만고에 통하는
진리는 없다.
진리는 그 상황에서
주어진 단편일 뿐이다.

그 상황의 그곳에서
만나고 대화하고
생각을 펼치는 것이
나의 역사를 형성한다.

그러므로 눈을 뜨고
깨어있어야 한다.

흘러가는 순간을 잡아
깨달음을 얻어내야 한다.

사라지고 지나가는
그 순간을 잡아
나의 진리로 사용해야 한다.
그것이 진정한 지혜인 것이다.

모든 것은 무상하다.
다만 거룩한 뜻을 따라
주어진 자기의 자리에서
진리와 사랑을 실천하는 것뿐.

그것이야말로
우리가 할 수 있는
순간이 영원이 되는
시간의 연금술인 것이다.

하나님이여, 주의 판단력을 왕에게 주시고 주의 공의를 왕의
아들에게 주소서! Psalms 72:1

73. 가까이

우리는 가까이하는
그것을 닮게 됩니다.
당신을 가까이함이
나의 소원입니다.

생명을 파괴하는
죄악을 미워합니다.
당신의 나라는
저항에서 시작됩니다.

우리는 좋아하는
그것을 따르게 됩니다.
자꾸 반복하면
습관이 됩니다.

기도하는 대로
이루어집니다.
간절한 기도는
떨어지지 않습니다.

내가 말하는 대로
내가 하게 됩니다.

말은 에너지가 되어
하늘에 떠돕니다.

때로 동굴 속에
칩거할 때도 있지만
그곳에서만 살면
밖을 보지 못합니다.

때론 평안이
필요하지만
궁궐에서 살면
세상을 알 수 없습니다.

당신을 따라
광야로 나옵니다.
이제 나의 삶이 시작되었고
머지않아 목표에 도달할 수 있겠지요.

74. 경계

거기로 들어오라.
나의 거룩한 곳.
내가 거하는 곳.
내가 구별한 곳.

정결하게 준비하고
나에게로 오라.
거기를 넘어오라.
이곳으로 올라오라.

너를 사랑한다.
너를 기다린다.
나를 보이리라.
하늘의 신비로다.

질서가 필요하니
우주가 생성되니
생명이 존재해야 하니
네가 창조되어야 하니

경계를 정하리라.
천지를 나누리라.

명암을 가르리라.
흑암을 밝히리라.

그것은 창조의
마지막 선이로다.
너에게 주어질
새로운 은혜로다.

믿음으로 나아오라.
고통을 견뎌내고
고난을 이겨내라.
나에게 내려오라.

거기에서 죽으라.
무덤에서 나오라.
너 자신을 넘어오라.
나의 영토로 들어오라.

주께서 땅의 경계를 정하시며 주께서 여름과 겨울을 만드셨나
이다. Psalms 74:17

75. 경건

경건은 겸손이다.
믿음은 진실이다.
진실로 진지한 삶.
이 땅으로 들어오라.

하늘과 땅을 아는 것이
경건의 시작이며
그의 뜻을 따르는 것이
믿음의 시작이니

너의 주장과
안일한 삶을 꺾고
너의 마음을 열어
우주의 소리를 들으라.

마음을 낮추고
탐욕을 버리고
생명의 흐름에 따라
신의 길을 걸으라.

자신을 버리고
하늘의 뜻을 따르지 않는 것은

패역의 길이요
반역의 길이로다.

너의 길을 버리고
거룩한 자리로 들어가는 것.
그것이 신의 뜻이요
경건의 길인 것이다.

고난은 벌인가?
보상 없는 경건이 있을 수 있는가?
경건한 자는 고난을 받으리니
너의 고난을 믿음으로 견디라.

그것이 하늘 앞에 머리를 숙이는
진정한 겸손인 것.
우리가 생명을 받았으니
고난도 받아야 할 것이라.

너희 뿔을 높이 들지 말며 교만한 목으로 말하지 말지어다.
Psalms 75:5

76. 그의 이름

어디에 계십니까?
가난한 하나님.
모두 다 벗어주신
헐벗은 하나님.

고난의 한가운데에
십자가를 지고 가신
우리의 하나님.
목마른 하나님.

어머니의 가슴으로
생명을 움켜쥐신
고통의 하나님.
찢겨진 하나님.

당신의 장막에도
입장을 거부당한
버림받은 하나님.
절망의 하나님.

떠돌이 민중들과
예루살렘에 올라가신

역사의 하나님.
혁명의 하나님.

당신의 나라를 바라며
전쟁 없는 세상을 꿈꾸는
사랑의 하나님.
평화의 하나님.

계급도 없고
차별도 없는
평등의 하나님.
정의의 하나님.

이름을 알리소서!
모습을 보이소서!
정체를 밝히소서!
당신을 나타내소서!

하나님은 유다에 알려지셨으며 그의 이름이 이스라엘에 알려
지셨도다. Psalms 76:1

77. 밤의 노래

당신의 얼굴이 보이지 않습니다.
당신의 소리가 들리지 않습니다.
캄캄한 암흑의 시간에
나는 길을 잃어버렸습니다.

하루 종일 길을 걸어와
어둠이 내려온 방에
홀로 덩그마니 앉아
당신을 기다립니다.

모든 불을 끄고
마음의 커튼을 내립니다.
어둠 속에 앉아
당신을 바라봅니다.

노래를 부르기에
가장 좋은 시간.
어둠의 시간 그 속에
내가 있습니다.

견딜 수 없는 고난도
무서운 시련의 고통도

밤이 지나면
은혜가 됩니다.

고개를 넘으면
하늘이 기다리니
고난이 올 때 마다
희열이 가득합니다.

기쁨의 눈물이 흐르고
환희의 물결이 파동으로
내 가슴 속에
퍼져나갑니다.

생명이 다하는 날까지
노래를 부릅니다.
보이지 않는 시간엔
노래를 불러야 합니다.

78. 당신의 시간

어디에 있든지,
그 속에서 살아갑니다.
그 속에서 음성이 들려옵니다.
그것이 나의 역사를 만들어갑니다.

상황과 선택이 만나
시간의 역사를 쓰고
그 상황 속에서
나의 역사는 일어납니다.

그 속에서 생각하고 행동하는 것은
나의 선택입니다.
그것이 나의 삶이고
그것이 나의 일생입니다.

그것을 놓치지 않습니다.
그 속에서
나 자신을 바라봅니다.
거기에 영혼이 있습니다.

눈을 뜨고
귀를 열어

그곳에 나를 놓습니다.
거기에 나의 역사가 있습니다.

삶의 이야기,
그 속에
신의 소리가 있습니다.
그곳이 나의 성소입니다.

오늘도 나의 성소에 들어가
귀를 기울이고
그의 음성을 듣습니다.
모든 것이 그 안에 있습니다.

밥을 짓고
상을 차리는 것은
거룩한 일입니다.
그 속에 하늘과 땅이 있습니다.

내 백성이여, 내 율법의 말을 들으며 내 입의 말에 귀를 기울일
지어다. Psalms 78:1

79. 우리는

우리는
진리의 씨앗을 뿌려
생명의 열매를 거두는
하늘의 농부들입니다.

우리는
십자가를 진 스승을 따라
날마다 변화의 산에 오르는
거룩한 수행자들입니다.

우리는
전쟁과 폭력에 대항하여
하나님의 나라를 이루어가는
평화의 전사들입니다.

세상의 그 무엇도
우리를 막을 수 없고
어떤 위협에도 굴하지 않는
부활의 증인들입니다.

세상의 영광을
바라지 않습니다.

고난과 환난을
두려워하지 않습니다.

시대의 의인 노아처럼
홍수를 견뎌 낼 방주를 짓습니다.
비방과 조롱의 파도를 헤치고
당신의 바다로 나아갑니다.

마지막 심판을 준비하며
당신의 오심을 기다립니다.
순결한 당신의 신부가 되어
나의 성소에 불을 밝힙니다.

당신은 높아져야 하고
우리는 낮아져야 합니다.
당신은 오르셔야 하고
우리는 내려가야 합니다.

우리는 주의 백성이요 주의 목장의 양이니 영원히 주께 감사
하며 주의 영예를 대대에 전하리이다. Psalms 79:13

80. 눈물의 양식

언제부턴가
나의 마음은
흐르는 빗방울처럼
젖어있습니다.

나는 그것이
안개인줄 알았습니다.
짙은 어둠이 내려 앉아
하늘이 보이지 않았습니다.

나뭇가지에 서리는
물방울들은
유월의 장마처럼
한없이 울고 있었습니다.

바람에 날리는
당신의 스카프는
하늘을 향한
기도였습니다.

아, 그것은
당신의 눈물이었습니다.

세상에 가득 찬
당신의 아픔이었습니다.

성전은 황폐되고
계시는 끊어졌습니다.
성소는 더럽혀지고
정의는 사라졌습니다.

거룩한 옷을 입은
아름다운 사람들은
그 어디에도
보이지 않습니다.

어느 때까지니이까?
우리를 건지소서!
우리를 회복시키소서!
당신의 얼굴을 우리에게 향하소서!

주께서 그들에게 눈물의 양식을 먹이시며 많은 눈물을 마시게
하셨나이다. Psalms 80:5

81. 네 입을 크게 열라

네 입을 열어
생명을 노래하라.
너의 노래로
하늘이 열리리니…

네 입을 열 때는
감사의 말을 하라.
네가 한 그 말이
축복이 될 것이니…

네 입을 열어
비전을 창조하라.
너의 예언이
현실이 되리니…

조금 열지 말고
크게 열라.
너의 창조자는
우주에 가득 차니…

중단하지 말고
계속 열라.

너의 하나님은
오늘도 일하시니…

불의에 굴하지 말고
정의를 칭송하라.
때에 알맞은 말
치유의 말을 하라.

네 입을 열 때면
백번을 생각하라.
설득이 은이라면
행동은 금이리니…

저울에 달아 부족하지 않게
도를 넘어 찌부러지지 않게
어둠이 걷히고 역사가 일어나게
너의 자리에서 하늘을 노래하라.

나는 너를 애굽 땅에서 인도하여 낸 여호와 네 하나님이니 네
입을 크게 열라 내가 채우리라 하였으나. Psalms 81:10

82. 가난한 자들의 노래

가난한 자들,
못 가진 자들,
그들 가운데에
당신은 계십니다.

빼앗긴 자들,
굶주린 자들,
내가 있을 곳이
바로 거기입니다.

거룩한 신성을 가진
당신의 형상,
그들이 바로
작은 신입니다.

그들을 위해
당신은 오셨고
그들과 함께
당신은 가셨습니다.

그들 속에서
그들의 손을 잡아

당신은 그들을
일으키십니다.

그들의 자리에서
노래를 부릅니다.
영원히 사라지지 않을
희망의 노래입니다.

가난의 미화가 아닌
가난의 영성이며
주어진 가난이 아닌
가난의 선택입니다.

당신이 계신
그곳을 향합니다.
가난은 나의 화관입니다.
나를 살리는 하늘의 은총입니다.

하나님은 신들의 모임 가운데에 서시며 하나님은 그들 가운데
에서 재판하시느니라. Psalms 82:1

83. 침묵하지 마소서

생명의 주여,
언제까지니이까?
침묵하지 마소서!
혁명을 일으키소서!

개들이 결탁하여
진리를 호도하고
갖은 탐욕을 부리며
냉소를 짓고 있나이다.

아무도 일어나지 않나이다.
모두 자기 배를 두드리며
한 줌의 먹을 것을 찾아
절망의 거리를 헤매나이다.

입을 다물고
두려움에 젖어
잠잠하고 있나이다.
정의가 사라졌나이다.

어디에서 시작할지,
아무도 모르나이다.

불을 붙이소서!
피를 흘리소서!

당신이 하셔야 합니다.
입을 열어야 합니다.
그리고 돌에 맞아
다시 쓰러져야 합니다.

함성을 지르며
가슴을 치고 일어나
혁명을 일으켜야 합니다.
당신의 나라를 세워야 합니다.

자유의 북을 치며
끝없는 행렬을 지어
당신께로 나아가야 합니다.
당신의 이름을 외쳐야 합니다.

하나님이여, 침묵하지 마소서! 하나님이여, 잠잠하지 마시고
조용하지 마소서! Psalms 83:1

84. 문지기

언제나 당신 앞에
서 있습니다.
나는 앉아 있을 수가
없습니다.

당신의 성전으로
순례자들이 들어갑니다.
그들의 기도 소리가
새벽을 깨웁니다.

매일 아침
경건한 마음으로
당신의 성전에 나갑니다.
기쁨의 향기가 세상에 가득합니다.

아무도 돌보지 않는
당신의 뜨락에
나의 마음을
내려 놓습니다.

가시를 뽑고
가지를 치고

나에게 주어진 정원을
작품으로 만듭니다.

이제 당신 앞에 앉아
노래를 부를 때입니다.
나의 자리에서
생명의 노래를 부릅니다.

당신을 향하여
고개를 듭니다.
당신을 바라보며
사랑을 노래합니다.

당신과 함께 살아갑니다.
당신의 성소에 들어갑니다.
날마다 하루를 천년처럼
그렇게 살아갑니다.

주의 궁정에서 한 날이 다른 곳에서의 천 날보다 나은즉 악인
의 장막에서 사는 것보다 내 하나님의 성전 문지기로 있는 것
이 좋사오니. Psalms 84:10

85. 환상

어둠이 짙으면
새벽이 옵니다.
때가 차면
봇물이 터집니다.

역사의 물결은
막을 수가 없습니다.
누구나 새벽을 기다리기에
태양은 반드시 떠오르게 됩니다.

눈을 뜬 자에게는
아침이 찾아오지만
역사의 배신자에게는
수치가 찾아옵니다.

모든 고난에는
마지막이 있습니다.
그것이 언제까지나
계속되지는 않습니다.

언제까지 그들을
가두어 두겠습니까?

그들의 노래는
담을 넘어 솟아오릅니다.

하늘이 열리고
진리가 내려오면
죄악은 물러가고
어둠은 사라집니다.

사랑과 진리가
같이 만나고
정의와 평화가
입을 맞추는 날.

진리는 땅에서 솟아나고
의는 하늘에서 내려옵니다.
땅이 그 산물을 낼 것이며
생명은 자유를 노래할 것입니다.

진리는 땅에서 솟아나고 의는 하늘에서 굽어보도다. Psalms
85:11

86. 일 심

에덴의 꽃뱀은
갈라진 혓바닥으로
이브를 유혹했다.
"넌 여신이 될 거야."

그것은 배신의 마음이었다.
두 개의 다른 마음은
수없는 역사의 밤을
후회로 지새우게 하였다.

흩어진 마음은
패역을 가져왔고
반역의 마음은
불순종을 낳았다.

나는 보았다.
열두 마리의 양들이
한 번의 비명도 없이
제물로 죽어가는 것을.

당신은 그럴 수 있는가?
비겁하고 나약하게

부들부들 공포에 떨며
죽음에서 도피하는 자리.

그때,
그 앞에서
그대는 하나의 마음을
가질 수 있겠는가?

적어도 나는
하나밖에 없는 나의 목숨을
그것에 바치기로 하였다.
나의 목표가 그것이었다.

그것이 내가
진심과 전심으로
생명의 노래를 부르는
단 하나의 이유인 것이다.

여호와여, 주의 도를 내게 가르치소서! 내가 주의 진리에 행하
오리니 일심으로 주를 경외하게 하소서! Psalms 86:11

87. 이 사람

어디에서 왔는가?
십자가 앞에 서서
반역의 무리를 향해
등을 내어놓은 이.

아무도 그를
찌를 수 없었다.
맨 정신으로는
그의 옷을 벗길 수가 없었다.

그때 세상은
모두 미쳐 돌아갔다.
진리에 귀를 막고
진실에 눈을 돌렸다.

개인은 약하지만
집단은 사악했다.
그들은 군중 뒤에 숨어
살인의 음모를 꾸몄다.

그렇다고 영원히
그것을 감출 수는 없었다.

때가 되면 만천하에
드러나게 되는 것.

그렇게 영겁의 세월이 흘러
내가 신의 성소에 섰을 때,
그곳에 하늘의 신비가
드러나게 되었다.

내가 오른 그곳이
바로 나의 자리였다.
거기에서 난
새롭게 태어났다.

난 그곳으로 돌아갔다.
그곳에서 생명의 노래를 불렀다.
그때 세상은 내게 귀를 기울였고
민족들은 거룩한 산에 오르게 되었다.

여호와께서 민족들을 등록하실 때에는 그 수를 세시며 이 사
람이 거기서 났다 하시리로다. Psalms 87:6

88. 매일

하루라도 게으르면
마음의 녹이 습니다.
쇳소리, 쇠 냄새.
하늘이 막힙니다.

그래서 그는
매일 죽고
매일 살아
수행의 길을 걸어갔습니다.

깨어 자신을 바라보지 못하고
미망과 집착에 사로잡히면
천년을 산다 해도
순간의 허사입니다.

구천에 떠도는 유령과
죽은 자들의 망령된 세계에서
억만년을 살아간들
무슨 유익이 있겠습니까?

진리의 도를 깨치고
살아가는 하루가

억겁의 우매보다
나은 것인즉,

시간의 길이가
문제가 아니고
삶의 차원이
문제인 것이니

이렇게 깨어
당신을 부르며
엎드려 나의
두 손을 듭니다.

내가 거룩하니
너희도 거룩하라.
당신의 길을 따릅니다.
생명의 길을 걷습니다.

곤란으로 말미암아 내 눈이 쇠하였나이다. 여호와여, 내가 매
일 주를 부르며 주를 향하여 나의 두 손을 들었나이다. Psalms
88:9

89. 당신의 현존

당신의 너울로 나를 덮었습니다.
그것은 어둠의 그늘이 아니었고
언제나 나와 함께하는
당신의 현존이었습니다.

나에게는 그것이 필요했습니다.
그림자는 나의 어두운 내면이지만
그것은 또 다른 나의 숨겨진 이면이었고
당신이 내게 주신 감추어진 형상이었습니다.

사랑의 편지는 닫혀진 계시가 아니었습니다.
그것은 나에게 열려져 있어
내가 나머지를 써내려가는
희망의 책이었습니다.

그것 때문에 얼마나 소리 죽여
조심스레 걸었던가요?
깨어질까 봐 선물로 몸을 얽어맨
어리석은 아들이었습니다.

마음껏 사랑하며 살아가라!
그것이 당신의 마음이었습니다.

당신은 엄한 얼굴로 심판이나 일삼는
그런 아버지가 아니었습니다.

생명의 바람은
진리의 스승이었고
주어진 생명은
삶의 친구였습니다.

당신을 따르는
선택된 사람들은
성자의 길을 추구하는
당신의 제자들이었습니다.

이제 당신의 산으로 올라갑니다.
당신 안에서 당신과 함께
거룩한 길을 걸어가는
하늘의 사람으로서…

즐겁게 소리칠 줄 아는 백성은 복이 있나니 여호와여, 그들이
주의 얼굴 빛 안에서 다니리로다. Psalms 89:15

90. 계수(計數)

당신께로 돌아갑니다.
외로운 광야의 행진은
우리의 해방이 아니라
서로를 위함이었습니다.

우리의 자리에서
존엄을 지키는 것.
그것은 바로 서로를
위하는 것이었습니다.

서로가 서로를 미워하는 것은
자기 자신을 파괴하는 것이고
그것은 서로를 서지 못하게 하는
사악한 파멸의 행위였습니다.

우리는 광야를 거치면서
그것을 깨달았습니다.
그것이 바로 당신이
하신 일이었습니다.

당신의 산에 올라
당신께로 돌아갑니다.

잘 살았습니다.
멋지게 살았습니다.

한 점 후회함도 없이
최선을 다하였습니다.
나를 받으소서!
나를 거두소서!

돌아가라 하셨으니
티끌로 돌아갑니다.
천년이 어제와 같으며
삶은 한 순간입니다.

대대로 우리의 거처가 되셨습니다.
당신 안에서 살아왔습니다.
영원부터 영원까지
사랑이셨습니다.

우리에게 우리 날 계수함을 가르치사 지혜로운 마음을 얻게
하소서! Psalms 90:12

91. 전능자의 그늘

나에게로 오라.
내가 거하는 곳,
내가 머무는 곳,
그곳으로 오라.

너를 드러내지 말고
허영의 성을 쌓지 말라.
세상의 높은 곳에 오르지 말고
영성의 깊은 곳으로 들어오라.

무엇을 꿈꾸는가?
무엇이 소원인가?
무엇을 향하는가?
무엇이 목표인가?

어디에 거하는가?
무엇을 구하는가?
헛된 일에 분요하지 말고
날마다 진리를 사모하라.

내가 너를 건지리라.
내가 너를 덮으리라.

내가 너를 지키리라.
내가 너를 높이리라.

내가 너에게 보이리라.
내가 너에게 응답하리라.
내가 너를 영화롭게 하리라.
내가 너를 만족하게 하리라.

가장 좋은 것을 주리라.
너의 뱃속에서
생수의 강이 흘러나리라.
영원히 목마르지 아니하리라.

유혹에 넘어가지 말라.
보이는 것에 현혹되지 말라.
굉장한 기적을 바라지 말라.
너의 자리에서 마음을 다하라.

지존자의 은밀한 곳에 거주하며 전능자의 그늘 아래 사는 자
여. Psalms 91:1

92. 안식일의 시

당신의 산에서
안식을 누립니다.
지금 이곳에서
영원을 맛봅니다.

세상의 물결에
흘러가지 않고
무상에 파도에
휩쓸리지 않습니다.

당신의 성소에서
진리가 흐릅니다.
목마른 양떼들이
생기를 얻습니다.

내 입이
꿀처럼 달고
내 뼛속까지
시원합니다.

세상이 주는
평화가 아니고

부귀가 주는
기쁨이 아닙니다.

언제나 변함없는
당신의 사랑이요
영원히 변치 않는
당신의 축복입니다.

당신의 집에
심겼음이요,
당신의 뜰 안에서
성장합니다.

늙어도 여전히 결실하며
그 빛이 항상 푸르릅니다.
당신이 우리의 반석이시요
당신이 우리의 구원입니다.

의인은 종려나무 같이 번성하며 레바논의 백향목 같이 성장하
리로다. Psalms 92:12

93. 거룩함

당신 앞에 설 때
마음이 맑아집니다.
당신을 만날 때
경외에 사로잡힙니다.

얼굴을 들 수 없고
감히 눈을 뜰 수 없어
그 자리에 엎드려
당신을 높입니다.

존재의 근원,
그곳에 현존하는
당신 앞에 엎드려
머리를 땅에 댑니다.

천지에 임하는
당신의 신비에
우리의 영혼은
깊어만 갑니다.

당신을 닮아가며
당신의 형상을 이루는

그것은 행복이 아니고
거룩입니다.

높아짐이 아니고
낮아짐이 목적이며
소유가 아니고
버림의 길을 갑니다.

세상의 헛됨을
따르는 것이 아니라
성화의 길을 걸으며
나 자신을 낮춥니다.

영화롭게 변모할
그 날을 기다리며
당신과 함께
성소에 오릅니다.

여호와여, 주의 증거들이 매우 확실하고 거룩함이 주의 집에
합당하니 여호와는 영원무궁하시리이다. Psalms 93:5

94. 허무함

바람이 시원하다.
새벽이 조용하다.
마음이 고요하다.
영혼이 맑아진다.

그것은 무엇일까?
허무한 세상 속에서
허무하지 않게 살아가는
삶의 비법이 있다면

이것을 알았다면
지금까지 그렇게
함부로 되는대로
살지는 않았을 것.

영성을 수행하라.
순간을 놓치면
만사가 허당이니
항상 마음을 살피라.

진리를 명상하라.
생각에서 행동이 나오고

집중에서 기적이 창출되니
말씀을 풀어 해석하고 실천하라.

자아를 성찰하라.
자신을 잃어버리면
천지가 어두워지고
맹목에 사로잡히리니

생명과 연대하라.
너만을 위해 살아가지 말고
모두가 같이 살아가라.
너의 삶을 나누라.

물고 놓지 말라.
끝까지 계속하라.
너의 삶을 바치라.
너 자신을 불태우라.

여호와께서는 사람의 생각이 허무함을 아시느니라. Psalms
94:11

4 장

감사의 노래

95. 즐거이

눈이 열리니
하늘이 보이고
하늘이 보이니
입이 열리네.

내 입의 말이
노래가 되고
그 노래가 세상에
퍼지게 되네.

노래를 부르라.
생명이 다할 때까지.
노래를 부르다가
그의 곁에 오르라.

우리의 순간이
영원이 되게 하고
우리가 맛본 영원이
그 자리에 남게 하라.

노래는 억지로 되지 않으나
힘을 다해 부르는 노래는

다시 다른 노래를 가져와
잠든 민중을 깨우게 되니

노래하는 자는
혁명을 일으키게 되고
역사의 변혁을
가져오게 하니

생명의 노래를 부르고
평화의 노래를 부르라.
진리의 노래를 부르고
구원의 노래를 부르라.

모든 혁명가는
노래를 부르는 자니
너의 십자가 위에서
하늘의 노래를 부르라.

오라, 우리가 여호와께 노래하며 우리의 구원의 반석을 향하여
즐거이 외치자. Psalms 95:1

96. 예배

당신 앞에 나와
무릎을 꿇습니다.
나의 자리에 앉아
당신을 바라봅니다.

나의 허물을 벗고
성소에 오릅니다.
나는 사라지고
그리움만 남습니다.

절대의 세계.
신비의 세계.
말로 할 수 없는
깊음의 세계.

일상에서 벗어나
하늘을 체험하는
영혼의 시간.
영원의 시간.

거룩한 떨림에
들어갑니다.

생명의 시원을
만나게 됩니다.

당신의 임재를
영으로 노래하며
당신의 은혜를
가슴으로 외칩니다.

마음의 눈을 뜨고
당신을 바라봅니다.
보이는 것을 구하지 않고
가난의 영성을 추구합니다.

나를 받으소서!
정하게 하소서!
버리게 하소서!
불타게 하소서!

아름답고 거룩한 것으로 여호와께 예배할지어다. 온 땅이여,
그 앞에서 떨지어다. Psalms 96:9

97. 의인을 위하여

당신의 오심을
준비합니다.
당신의 임재를
기다립니다.

더 이상 우리는
잃을 것이 없습니다.
당신이 우리의
전부입니다.

당신의 말씀이
하늘에서 내려오면
우리의 기쁨은
땅에서 열매를 맺습니다.

그것은 누구에게
받는 것이 아니라
우리의 깊은 곳에서
샘솟는 것입니다.

그것은 우리의
소유가 아니라

영원의 존재를
깨닫는 것입니다.

하늘의 뜻을
성취하는 것이요
거룩한 형상을
이루는 것입니다.

쥐는 것이 아니라
주는 것이요
당신의 사랑을
나누는 것입니다.

빈손을 거두고
사랑의 손을 내밉니다.
아직도 나에게는
남은 것이 있습니다.

의인을 위하여 빛을 뿌리고 마음이 정직한 자를 위하여 기쁨
을 뿌리시는도다. Psalms 97:11

98. 큰물

비가 내립니다.
당신의 성산에서
흐르는 눈물은
여기까지 흘러와

산야를 적시고
계곡을 휘돌아
내 가슴 밑바닥에
용솟음쳐 오릅니다.

언제부턴가
나는 거기에 앉아
끝없이 흐르는 강물을
바라보았습니다.

이지러진 감정의
찌끼들을 감싸 안고
태초의 강물은
도도히 흘러갔습니다.

그 강물의 근원,
거기에서부터

당신의 강은
시작되었습니다.

시커멓게 타버린
검은 강이 흐르고
민중의 피로 물들은
황톳빛 강이 흐릅니다.

흐르면 흐를수록
점점 맑아지는 것은
당신의 사랑이
흐르는 까닭이요

나무들이 수풀을 이루고
내가 생명을 노래하는 것은
당신이 생기를
주셨기 때문입니다.

99. 다스리시니

당신이 나를
다스리십니다.
다른 누구도 나를
다스릴 수 없습니다.

하늘 아래 유일한
당신의 형상.
거기에서 내가
시작되었습니다.

내가 복을
짓는 것이요,
내 안에 복이
주어져 있는 것인데

내가 누구에게
복을 달라 하겠습니까?
무엇에게 내가
머리를 숙이겠습니까?

내가 이렇게 무릎을 꿇는 것은
내게 보이는 형상이 아니라

만물 안에 존재하는
당신의 생명 때문입니다.

비가 내리고
천둥 구름 속으로
나의 태양이 진다해도
당신은 거기에 계십니다.

나의 목숨이 끊어지고
내가 어둠속으로 사라진다 해도
당신은 나의 손을 잡고
함께 기도를 올리십니다.

나를 다스리소서!
내 안에 거하소서!
나의 주인이 되소서!
나에게 힘을 주소서!

여호와께서 다스리시니 만민이 떨 것이요 여호와께서 그룹 사
이에 좌정하시니 땅이 흔들릴 것이로다. Psalms 99:1

100. 감사의 시

나의 뜨락에서
한 송이 들꽃을 꺾어
당신의 성소로 나아갑니다.
이것이 내가 가진 전부입니다.

매일 아침 이렇게
당신의 성전에 들어가
내 마음의 종을 울립니다.
내가 지금 여기에 왔습니다.

비가 내리든지
바람이 불든지
그것이 나에게는
문제가 되지 않습니다.

나에게는 그저
낡은 컵에 들어있는
물 한잔이면 족합니다.
그 속에 당신의 사랑이 있습니다.

당신은 나를
데리고 가셔야 합니다.

나의 한가지 소원은
당신과 함께 있는 것입니다.

나를 세상에 보내신 것만 해도
나는 당신께 감사를 드립니다.
당신이 주신 생명의 향기를 맡는 것이
내가 누리는 기쁨입니다.

나의 관심은
당신의 선물이 아니라
바로 당신 자신입니다.
당신 안에 모든 것이 있습니다.

오늘따라 유난히 당신이 그립습니다.
이렇게 비가 내리는 날이면
내 가슴도 사랑에 젖습니다.
나를 당신께 드립니다.

감사함으로 그의 문에 들어가며 찬송함으로 그의 궁정에 들어
가서 그에게 감사하며 그의 이름을 송축할지어다. Psalms 100:4

101. 완전의 길

당신을 찾아 길을 나섭니다.
당신의 길을 따릅니다.
나의 모든 것을 바쳐
그 길을 걸어갑니다.

나의 영혼을 쥐어짜
한 줌의 붉은 액체를
당신의 화로에 던집니다.
당신의 불이 타오릅니다.

나의 최선을 다해
지성소를 밝히는 것이
내가 해왔던
모든 일입니다.

완전이란
흠이 없는 삶이 아니라
후회함이 없는 삶을 살았다는
나의 고백입니다.

인생의 마침표를
찍을 때까지

운명에 저항하여
나의 길을 갑니다.

그렇게 살 수가 없습니다.
당신을 따라
주어진 임무를 다할 때까지
눈을 감을 수가 없습니다.

두려움을 이기고
공포에 몸을 던져
닫혀진 문을 엽니다.
그 어떤 것도 나를 막을 수가 없습니다.

차라리 그것은
거룩한 투쟁입니다.
시간을 넘어서 영원에 이르는
불멸의 부활입니다.

내가 완전한 길을 주목하오리니 주께서 어느 때나 내게 임하
시겠나이까? 내가 완전한 마음으로 내 집 안에서 행하리이다.
Psalms 101:2

102. 응답

아득한 죽음에서
해방이 되는 날은
당신이 나에게
오시는 날입니다.

움켜쥔 두 손이
조용히 내려지는 날,
나의 얼굴엔 미소가
떠오를 것입니다.

나약한 당신이
너무나 싫었습니다.
당신의 침묵은
무서운 형벌이었습니다.

나 혼자 모든 것을
해결해야 한다는 것이
나에겐 견딜 수가 없었습니다.
차라리 나를 내려놓고 싶었습니다.

좀, 도와주시면
안 될까요?

꼭, 내가 그렇게
다 책임을 져야만 하는가요?

그것이 당신의 깊은 뜻임을
가슴으로 깨닫기에는
오랜 세월이 흘렀습니다.
이젠 시간이 얼마 남아있지 않습니다.

그래요.
그날까지 난
당신이 주시는 잠을
잘 수가 없습니다.

당신의 부르심을 따라
당신의 성소로 들어가
고요히 무릎을 꿇겠습니다.
이것이 당신의 응답입니다.

나의 괴로운 날에 주의 얼굴을 내게서 숨기지 마소서! 주의 귀
를 내게 기울이사 내가 부르짖는 날에 속히 내게 응답하소서!
Psalms 102:2

103. 새롭게

내가 당신을 찾아
광야를 헤매는 것은
내 안의 뜨거운 태양이
불타기 때문입니다.

그것이 나를
여기까지 끌어왔고
나의 남은 삶을
이끌어 갈 것입니다.

말씀의 칼을 갈아
하늘의 문을 열고
당신의 창고에서
지혜를 끌어냅니다.

이렇게 살지 않는다면
나는 사라져버릴 것이고
마지막이 오기 전에
말라버리게 될 것입니다.

이것이 내가 살아가고
존재하는 의미이며

고독한 삶을
지키는 이유입니다.

다시 잃어버린 나를 찾아
길을 떠납니다.
나의 마음을 추스려
거룩한 산에 오릅니다.

떠나는 자만이
새로운 땅에
도달할 수 있는 것.
더러워진 옷을 벗습니다.

내 손을 잡아주소서.
먼 길을 돌아
여기까지 왔습니다.
나는 하늘의 바람이 되었습니다.

좋은 것으로 네 소원을 만족하게 하사 네 청춘을 독수리 같이
새롭게 하시는도다. Psalms 103:5

104. 그의 사신 (messenger)

태초부터 불었던
거룩한 그 바람이
지금 내 가슴에
불어옵니다.

당신의 바람은
마른 흙덩어리에
생명의 기운을
불어 넣으셨습니다.

당신의 바람이
부는 곳마다
생명의 역사가
일어났습니다.

홍수를 그치게 하고
땅을 정화시키며
하늘의 무지개를
펼쳐 놓으셨습니다.

마른 뼈다귀를
하늘 군대로 살리시고

당신의 전사가
되게 하셨습니다.

흩어진 민족을
하나 되게 하시고
우리의 언어를
바꾸셨습니다.

우리도 당신을 따라
하늘의 바람이 됩니다.
죽음의 땅을 갈아엎어
희망의 숲을 일굽니다.

믿음의 세월이 지나면
나무들은 하늘 높이 자라
생명의 열매를 맺을 것입니다.
그것이 바로 우리의 바람입니다.

바람을 자기 사신으로 삼으시고 불꽃으로 자기 사역자를 삼으시며. Psalms 104:4

105. 그의 이야기

절망 속에서
당신은 일하십니다.
도저히 살아갈 수 없는 땅에서
당신은 꽃을 피우십니다.

물살을 거스르고
돌아오는 가시고기처럼
생명의 자궁을 찾아
역사의 알을 잉태하십니다.

그 속에 당신은 계십니다.
거기에서 당신을 만납니다.
그곳에 찾아가 무릎을 꿇을 때
우리의 닫혔던 눈이 열리게 됩니다.

안락한 집을
떠나야 합니다.
두 눈을 부릅뜨고
생명 세상을 열어야 합니다.

살아야 한다는 욕망과
역사를 이룬다는 야망은

당신의 나라를 위한
희생의 초석이 됩니다.

고난의 땅에서
가난한 자들과 함께
당신은 일하십니다.
나도 그들 중에 있습니다.

당신이 일어나시면
혁명이 일어납니다.
하늘과 땅이 바뀌어
가진 자들은 맨발이 됩니다.

어둠의 바위가 열려
죽은 자들이 살아나고
당신의 택함 받은 자들은
생명의 노래를 부릅니다.

여호와께 감사하고 그의 이름을 불러 아뢰며 그가 하는 일을
만민 중에 알게 할지어다. Psalms 105:1

106. 마지막 고백

그때 나는
생명을 얻었습니다.
거기에서 당신을
만났습니다.

세상에 끌려
헛된 삶을 살았고
욕망에 젖어
세월을 버렸습니다.

목마른 광야에서
하늘을 잊었습니다.
살았다 하나
죽은 자였습니다.

깨달음은 얻었지만
목표가 없었습니다.
사막의 신기루를
좇아 살았습니다.

이제 끊어야 할
때가 되었습니다.

새롭게 출발할 때가
시작되었습니다.

거듭난 삶은
결단에서 시작됩니다.
더러운 욕망은
단칼에 잘라내야 합니다.

다시는 그 길로
가지 않겠사오니
똑같은 실수는
저지르지 않겠사오니

되돌아가면 끝나는 길,
그것은 죽음의 길이오니
이제 당신의 산에 오릅니다.
이것이 나의 마지막 고백입니다.

여호와께 감사하라 그는 선하시며 그 인자하심이 영원함이로
다. Psalms 106:1

107. 사모하는 영혼

목이 말라요.
배가 고파요.
그대가 눈을 감을 때
그대가 귀를 막을 때

아무런 생각도 없이
그대가 살아가고 있을 때
그들은 소리를 지르며
죽어가고 있네요.

학교에 가고 싶어요.
공부를 하고 싶어요.
우리도 당신처럼
꿈을 꾸고 싶어요.

그 소리가 들리시나요?
그 소리가 들리신다면
아무렇게나 그렇게
살지는 못하실 것.

어떻게 해야
당신이 열릴까요?

마음의 귀가 열려
하늘의 소리를 듣게 될까요?

그때가 바로
구원의 시작인 것.
그것이 바로
진정한 인간이 되는 것.

그대가 잠잠하면
돌들이 소리를 지르겠죠.
어떻게든 하늘은
길을 열어 주겠지만

그대가 포기하는
사랑의 인간성은
언제까지 당신을
얼어붙게 할 거예요.

그가 사모하는 영혼에게 만족을 주시며 주린 영혼에게 좋은
것으로 채워주심이로다. Psalms 107:9

108. 내 마음

매일 깨어
하루를 시작합니다.
새벽의 첫 시간을
당신께 드립니다.

마음을 비워
당신을 맞이합니다.
마음의 지성소에
당신을 모십니다.

그 어떤 것도
내 마음을 차지할 수 없습니다.
세상에 마음을
빼앗기지 않습니다.

언제나 내 마음은
당신을 향합니다.
당신이 내 마음의
주인이십니다.

세상의 영광을
바라지 않습니다.

만민 중에서 주께 감사하고
나라 중에서 주를 찬양하니

당신의 인자하심이
하늘보다 높으시며
당신의 진실하심이
온 땅에 가득합니다.

온 마음을 다해
당신을 사랑합니다.
당신의 거룩한 땅에
불을 밝힙니다.

내 생명 다하는 날까지
당신을 찬양하며
내 영혼의 노래를
멈추지 아니합니다.

하나님이여, 내 마음을 정하였사오니 내가 노래하며 나의 마음
을 다하여 찬양하리로다. Psalms 108:1

109. 중심

흔들리지 않습니다.
두려워하지 않습니다.
당신만을 바라보며
당신만을 따릅니다.

가난이 문제가 되지 않습니다.
가난하면 가난한 대로
가난의 영성을 추구합니다.
가난은 영혼의 자유입니다.

부하면 부한 대로
부에 얽매이지 않습니다.
부를 자랑하지 않고
없는 듯 살아갑니다.

부를 부러워하지 않습니다.
부를 시기하지 않습니다.
부를 잘못 사용한다면
그것이 지옥의 올무입니다.

고난에 굴하지 않습니다.
환난에 넘어지지 않습니다.

언제나 나의 중심엔
불이 밝혀 있습니다.

누구도 나의 불을
끌 수가 없습니다.
꺼지지 않는 불이
타오르고 있습니다.

나는 나로 존재합니다.
나는 스스로 있는 자입니다.
소유로 내가 존재하지 않으며
없음으로 내가 부끄럽지 않습니다.

당신이 내 안에 계시거늘
무엇이 더 필요하겠습니까?
나의 중심에 당신이 있거늘
부족한 것이 무엇이겠습니까?

나는 가난하고 궁핍하여 나의 중심이 상함이니이다. Psalms
109:22

110. 새벽이슬

침묵의 시간을 지나
신발을 벗어들고
당신의 광야로 나갑니다.
당신은 거기에 계십니다.

그래요,
당신을 뵙고 싶었습니다.
당신의 얼굴을 그리며
그토록 당신을 찾았습니다.

온몸에 젖어드는
새벽이슬을 모아
나의 머리칼로
당신의 발을 씻습니다.

당신의 백성은
거룩해야 합니다.
순결하게 자신을
가꾸어야 합니다.

그들이 올리는 향은
천지에 퍼져야 합니다.

가슴속의 타는 불로
제물을 살라야 합니다.

맑은 영혼을
당신께 드립니다.
순백의 옥합을
당신께 바칩니다.

날마다 나 자신을 깨뜨려
당신의 나라를 세웁니다.
새 노래를 지어
당신께 올립니다.

누구도 불러보지 못한
영혼의 노래,
그것이 내가 부를
마지막 노래입니다.

주의 권능의 날에 주의 백성이 거룩한 옷을 입고 즐거이 헌신하니 새벽이슬 같은 주의 청년들이 주께 나오는도다. Psalms 110:3

111. 경외

그때,
당신을 뵈었습니다.
나는 그 자리에서
무릎을 꿇었습니다.

장엄한 당신 앞에
내 모습이 보였습니다.
한없이 초라한
나의 욕망을 보았습니다.

자랑할 것도
내놓을 것도 없는
모래의 성을 쌓았습니다.
나의 자아가 무너져 내렸습니다.

당신이 나의 눈을
밝히셨습니다.
내 눈에 덮인 비늘을
떼어내셨습니다.

욕심을 넘어서서
세상을 초월한 순간,

나의 하늘이 열리고
당신의 길이 보였습니다.

그것은 나의
두번째 탄생이었습니다.
거기에서 당신의 신비에
눈을 뜨게 되었습니다.

그때부터
시간을 넘어서는
나의 세계가
시작되었습니다.

경이와 경외가
불꽃을 튀기는 순간.
나는 당신 앞에 엎드려
두 손을 높였습니다.

112. 그의 계명

내가 항상
당신을 그리며
세상을 살아갈 수 있는 것은
당신의 계명을 주셨기 때문입니다.

나를 올바르게 하고
당신의 나라를 이루게 하는 것은
당신이 주신
계명의 능력입니다.

그것은 나의 축복이며
나의 가장 큰 자랑이요,
그것은 무거운 멍에가 아닌
나를 비추는 빛이었습니다.

날마다 당신의 계명을
마음에 새기며
당신의 길을 걸어갑니다.
당신의 계명은 내 발의 빛입니다.

당신을 찬양하며
당신의 길을 따릅니다.

당신의 계명을 마음에 새기며
날마다 새로운 하루를 시작합니다.

육신을 넘어서
진리로 자유케 하며
창조의 세계를 여행하는
당신의 위대한 지혜.

그것은
영혼의 창고에서
일용할 양식을 꺼내는
가장 거룩한 노동입니다.

나의 유일한 기쁨은
당신의 계명을 묵상하며
거룩한 길을 걸어가는
수도의 일과입니다.

여호와를 경외하며 그의 계명을 크게 즐거워하는 자는 복이
있도다. Psalms 112:1

113. 영원까지

당신을 만나
당신께 무릎을 꿇은
그때부터
나의 삶은 시작되었습니다.

오랜 삶이 아닌
참된 삶을 바라는 것.
이제 나의 시간은
영원과 이어졌습니다.

언제나
일어날 때마다
해 뜨는 곳을 향해
자리에 앉았습니다.

매일
자신을 태워
저녁노을처럼
나 자신을 내려놓았습니다.

당신의 종들이
지상에서 할 최고의 일은

당신의 이름을
높이는 것이기에

이제부터
영원까지
당신의 이름을
찬양합니다.

해 뜨는 데부터
해 지는 데까지
당신의 영광을
노래합니다.

오늘도 하루의 태양이 떠오르며
또다시 하루의 태양이 져갑니다.
끝없이 반복되는 이 거룩한 순환.
그것이 바로 당신의 역사입니다.

이제부터 영원까지 여호와의 이름을 찬송할지로다. Psalms
113:2

114. 나올 때

집을 나섭니다.
매일 살아가는 똑같은 생활.
언젠가 우리는 떠나야 합니다.
익숙하고 안락한 일상으로부터

노예의 생활을 벗습니다.
스스로 자립하는 개척자가 아닌
남들이 걸어가는 길을 따라가는
안일하고 습관적인 타성으로부터

몸이 편한 대로
한없이 게을러져
더 누워 이대로 잠들고 싶은
나약한 삶의 의지로부터

오히려 나에겐
광야가 더 어울립니다.
날마다 최선을 다해 길을 걷다보면
어느 날 약속의 땅에 들어가 있을 것입니다.

얼마나 가슴 뿌듯하고
짜릿한 전율의 삶인가요?

수고한 만큼 거둘 것이고
무한의 미래가 펼쳐있습니다.

당신의 산에 오릅니다.
가슴 벅찬
충만한 생명으로
새로운 항해를 시작합니다.

닻을 올리고
돛을 펼치고
불뚝이는 힘줄로
노를 젓습니다.

환희의 노래가 울려 퍼집니다.
마침내 우리는 해냈습니다.
승리의 메달을 목에 겁니다.
우리의 손이 높이 올려 집니다.

이스라엘이 애굽에서 나오며 야곱의 집안이 언어가 다른 민족
에게서 나올 때에. Psalms 114:1

115. 영광

당신의 영광이
천지에 가득합니다.
어디를 가든지
당신은 거기에 계십니다.

새겨진 형상에
절하지 않습니다.
그 안에 계신
당신을 바라봅니다.

그것은 자유를 향한
당신의 몸부림이며
우리를 부르는
구원의 몸짓입니다.

그 소리를 듣습니다.
그 음성에 귀를 기울입니다.
헛된 영광을
구하지 않습니다.

그것에게 영광을
돌리지 않습니다.

내가 당신의
영광이 되겠습니다.

내가 영광을
받지 않습니다.
내가 가진 것이
무엇입니까?

모든 것이 당신께서
주신 것이오니
내가 가진 것을
당신께 돌려드립니다.

당신을 찬양함이
하늘에 도달하고
당신을 노래함이
우주에 퍼집니다.

여호와의 영광을 우리에게 돌리지 마옵소서! 우리에게 돌리지
마옵소서! 오직 주는 인자하시고 진실하시므로 주의 이름에만
영광을 돌리소서! Psalms 115:1

116. 생명의 땅

뜨거운 욕망의 불 속에서
타락한 자아의 죄 속에서
수많은 생명들이 죽어갑니다.
우리는 더 이상 견딜 수 없습니다.

살아있으라는 명령.
살아남으려는 운명.
그것이 우리의
지상 목표입니다.

이것이 우리가
이 땅에 존재하는 이유입니다.
이것 때문에 우리는
오늘을 살아갑니다.

생명의 땅을 걸어갑니다.
생명을 위해서 살아갑니다.
죽어가는 생명들이 몸부림칩니다.
그 안에 계신 당신을 봅니다.

아, 그것은
당신의 절규였습니다.

그 외침은 바로
당신의 목소리였습니다.

당신의 마지막 남은 희망은
바로 우리였습니다.
우리가 그 뜻을
이루어야 합니다.

그것이 그렇게 우리가
눈을 뜨기를 바라는 이유였던가요?
그것 때문에 우리를 부르셨는데
우리는 그 현실에서 눈을 돌렸습니다.

이제 당신의 뜻에 순종합니다.
이제 당신의 나라를 세웁니다.
우리의 삶을 회개하고
당신의 명을 따릅니다.

내가 생명이 있는 땅에서 여호와 앞에 행하리로다. Psalms 116:9

117. 진실하심

사랑엔 진실이 있어야 하고
진실은 사랑에서 시작됨을
당신은 나에게
알려주셨습니다.

이것이 내가
당신을 찾아
거룩한 산에 올랐던
바로 그 이유입니다.

당신 앞에 서서
진실을 질문합니다.
당신의 진실은
무엇인가요?

사람들은
귀를 막고
눈을 감아 실상을
외면하고 있습니다.

그렇기에 더욱 더
당신은 힘을 내셔야 합니다.

우리가 당신 옆에
있지 않습니까?

진실을 막으려는 모든 노력은
과연 헛된 것일까요?
언젠가는 역사의 진실이
모두 밝혀지게 될까요?

당신은 진실의 신이셔야 합니다.
당신은 우리의 눈을 여셔야 합니다.
당신의 예언자들을 부르셔서
감추어진 진리를 드러내셔야 합니다.

다시 일어섭니다.
당신이 우리와 함께하십니다.
우린 당신의 진실을 노래하는
뜨거운 순교자들입니다.

우리에게 향하신 여호와의 인자하심이 크시고 여호와의 진실
하심이 영원함이로다. Psalms 117:2

118. 여호와의 문

하늘의 문을 찾습니다.
당신의 문은 어디에 있나요?
누가 당신의 문으로
들어갈 수 있나요?

당신의 문은
참으로 넓군요.
당신의 문은
하늘의 입구입니다.

너무 넓은 문이기에
좁은 문인가요?
우주처럼 넓기에
받아들이기 어려운가요?

당신을 믿는 사람만
당신은 구원하시나요?
그처럼 당신은
좁으신가요?

그처럼 넓은
당신을 모르는 것은

우리의 불신앙입니다.
당신에 대한 무지입니다.

당신 앞에 섭니다.
당신의 문으로 들어갑니다.
당신의 현존은
나의 실존입니다.

당신이
인격이라는 것은
당신의 따뜻한
마음을 말함입니다.

지금
나의 갈망은
당신을 따라 이처럼
넓어지는 것입니다.

119. 그의 행실

마음을 다스림이
행실을 바르게 하니
욕망을 불사르고
허영을 버립니다.

당신의 계명을
마음에 새깁니다.
그것은 나에게 주신
하늘의 뜻입니다.

인생의 목적은
채우는 것이 아니라
버림과 절제요
깊이와 거룩이니

한 발자국도
함부로 걷지 않고
한 입의 음식도
탐하지 않습니다.

전심으로
당신을 찾아

당신의 계명을
떠나지 않습니다.

당신의 계명이
나의 길이요
나를 인도하는
하늘의 빛입니다.

그 뜻을 따르리이다.
날마다 자신을 돌아보며
당신의 길을
걸어가리이다.

한평생 살아가는
나그네 인생 길.
당신의 법을 사랑하며
당신의 노래를 부르리이다.

청년이 무엇으로 그 행실을 깨끗하게 하리이까? 주의 말씀만
지킬 따름이니이다. Psalms 119:9

5 장

올라가는 노래

120. 올라가는 노래

당신을 모십니다.
하늘의 하늘이라도
우주의 중심이라도
당신에게는 부족할 것이지만

당신은 여기
비천한 종의 마음,
좁디좁은 곳에라도
계실 수 있사오니

어디에나 계실 수 있고
무엇이나 품을 수 있는
당신의 임재를 기다리며
나의 성전으로 올라갑니다.

내가 나갈 수 있는 곳이
나에게 남아있다는 것이
얼마나 소중한 지를
나는 알고 있습니다.

보이는 성전을
자랑하지 아니하고

보이지 않는 허상을
꿈꾸지 아니하며

내가 살아 숨 쉬는 곳,
그곳이 나의 성전이기에
그 자리에서 나는
무릎을 꿇습니다.

오늘도
나의 거룩한 산에 올라
당신이 계시는 곳으로
나아갑니다.

이제는 나 자신이
당신의 영이 거하는
거룩한 전이 되었사오니
여기에서 당신의 노래를 부릅니다.

내가 환난 중에 여호와께 부르짖었더니 거기에서 내게 응답하
셨도다. Psalms 120:1

121. 나의 도움

내가 더 이상
견딜 수가 없었을 때,
그때 나는 당신의
산으로 올라갔습니다.

내 등에 진 짐이 너무 버거워
아무것도 눈에 보이지 않았고
나에게는 무언가
새로운 희망이 필요했습니다.

당신의 산에 올라
당신의 신비에
마음껏 젖어드는
그 경험을 가지고 싶었습니다.

당신 외에는
바랄 게 없었습니다.
당신 밖에는
바라볼 게 없었습니다.

당신을 향해
눈을 들었습니다.

당신이 오라 하시니
당신을 향해 올라갔습니다.

거기에서 난
당신을 만났습니다.
그때 당신은
나에게 나타나셨습니다.

세상에 더 이상
바라볼 게 없었습니다.
세상에서 더 이상
할 만한 게 없었습니다.

영원히 당신과 함께 있는 것,
그것이 나의 유일한 소망이었습니다.
끝까지 당신과 함께 살아가는 것,
그렇게 세상을 살아내는 것이었습니다.

내가 산을 향하여 눈을 들리라 나의 도움이 어디서 올까?
Psalms 121:1

122. 평안

사는 것은 무엇인가?
오늘도 사람들은
죽음의 질주를 하고 있다.
한번 멈춰서려는 생각도 없다.

평화의 도시는
평화를 향하지 않고
사람들은 진정한 삶을
생각하지 않는다.

전쟁 없는 평화란
가능한 것인가?
평안 없는 평화는
의미가 있는 것인가?

힘으로 누르는 평화는
무슨 평화인가?
무력과 폭압의 침묵은
진정한 평화인가?

가난한 사람이 있는 한
세상은 평화롭지 않다.

아직 억울한 사람이 있다면
그것은 평화가 아니다.

자기만 생각하는 것은
평화와는 거리가 멀다.
모두가 평안해야
자기가 평안하다.

전쟁과 폭력은
공멸의 길이다.
미움과 살인은
죄의 결과이다.

마음이 평안하면
세상이 평화롭다.
마음만 평화로우면
세상과는 관계가 없다.

예루살렘을 위하여 평안을 구하라. 예루살렘을 사랑하는 자는
형통하리로다. Psalms 122:6

123. 하늘에

그렇게 당신이 그리웠습니다.
그토록 하늘이 보고 싶었습니다.
뜨거운 수증기가
내 눈을 가렸습니다.

당신의 지구는
검은 연기에 싸여
죽어가고 있었습니다.
우리는 숨을 쉴 수가 없습니다.

그것은 하늘을 나는 새에게도
마찬가지였습니다.
그들은 꿈을 꿀 수가 없었습니다.
빙하는 눈물을 흘리고 있었습니다.

우리에겐 더 이상
시간이 없습니다.
매일 생명이 죽어가고 있습니다.
그들의 비명이 끊이지 않습니다.

나는 더 이상
할 일이 없습니다.

그저 앉아서 기도만 드릴 뿐입니다.
이제 당신이 하셔야 합니다.

그렇지 않으면 우리는
살아남을 수 없습니다.
나 하나는 관계가 없지만
그들의 참상을 볼 수가 없습니다.

내 영혼에 물이 흘러들었습니다.
우리는 물처럼 녹아지고 있습니다.
같이 죽어가고 있습니다.
새 하늘이 필요합니다.

하늘이 캄캄하면
희망도 사라집니다.
우리의 기도를 들으셔야 합니다.
지금은 당신이 일할 때입니다.

하늘에 계시는 주여, 내가 눈을 들어 주께 향하나이다. Psalms
123:1

124. 벗어나

잡아매지 말라.
자유롭고 싶다.
끌어당기지 말라.
같이 죽고 싶지 않다.

자유의 영혼으로
하늘을 날아야 한다.
창조의 영성으로
생명을 살려야 한다.

혈연의 끈을 끊고
부족을 넘어서고
민족을 딛고 서서
세계로 나아가야 한다.

제발 그렇게 하라.
좁은 곳에서 빌붙어
서로 피 흘리지 말고
진흙탕으로 끌어내리지 말라.

너의 집을 떠나라.
새로운 땅을 주리라.

노예의 땅을 버리라.
약속의 땅을 얻으리라.

서로의 손을 잡고
땀내 나는 어깨를 부비며
생명의 땅을 가꾸라.
해방의 행진을 하라.

그리고 마지막엔
너의 몸을 벗고
하늘의 성전에 올라
영원의 노래를 부르라.

그것이 너의 완성이니
다 이루었다 고백하며
너의 눈을 감으라.
영생으로 들어가라.

우리의 영혼이 사냥꾼의 올무에서 벗어난 새같이 되었나니 올무가 끊어지므로 우리가 벗어났도다. Psalms 124:7

125. 선대(doing good)

받으소서,
나의 주여!
가난한 자들이 흘리는
순교의 피를.

선한 자들과
정직한 자들이
어둠의 세상을 밝혀
당신의 나라를 이룹니다.

고개를 들고
불의를 응시하며
폭압을 향해
얼굴을 돌리지 않습니다.

생명의 주여,
그것이 역사의 결과이며
당신이 심으신
풀잎의 혁명입니다.

해가 문제가 아니요
달이 문제가 아니니

때가 되면 반드시
열매를 맺을 것입니다.

지금 그것이
우리의 믿음임을
우리는 확실히 알고 있습니다.
그것이 당신의 역사입니다.

힘으로 폭력을
이기는 것이 아닌
공포의 벽을
사랑으로 허무는 것.

그것이 당신이
우리에게 보여주신
무한의 사랑이며
당신의 뜻을 이루는 길입니다.

여호와여, 선한 자들과 마음이 정직한 자들에게 선대하소서!
Psalms 125:4

126. 돌려보내실 때

때가 찼다.
다시 돌아가라.
언제까지 이곳에
머물러 있겠느냐?

포로의 노래를 그치고
자유의 노래를 부르라.
세상을 바라보지 말고
하늘에 계신 자를 보라.

무너진 성전을 세우고
평화의 나라를 세우라.
민족을 바로 서게 하고
진리의 세계를 선포하라.

욕망의 탑을 허물고
탐욕의 뜻을 버리라.
하루 경점에 사라질
아침 안개와 같도다.

폭력을 그치고
사랑을 심으라.

무력을 좇지 말고
평화를 따르라.

뿌린 대로
거두는 것이니
눈물을 뿌리는 자는
기쁨으로 거둘 것이라.

하던 일을 멈추고
고향으로 돌아가라.
생명의 책에 기록될
영원을 남기라.

네가 왔던 곳,
그곳으로 돌아가라.
새로운 역사를 시작하라.
너를 보내셨던 자가 너를 부르신다.

여호와께서 시온의 포로를 돌려보내실 때에 우리는 꿈꾸는 것
같았도다. Psalms 126:1

127. 헛됨

무엇을 계획한다고
다 이루어지는 것은 아니고
어떤 것을 시도한다고
다 성공하는 것은 아니지만

주어진 자리에서
성심을 다한다면
그것이 곧 성공일 것이니
나머지는 모두 주께 맡길 것이라.

걱정하고 고심한다고
상황이 나아지는 것은 아니며
되지 않는다고 아등바등하는 것은
오히려 판단력을 흐리게 하는 것이니

사랑하는 자야,
주께서 도와주시고
주께서 지켜주어야
열매를 맺는 것이라.

어떻든 우리가 할 일은
집을 세우고

성을 지키며
열심히 씨를 뿌리는 것이니

달이 가고
해가 가면
때가 이루매
거둘 것이라.

주께서 사랑하는 자에게는
단잠을 주시리니
모든 것을 주께 맡긴 자들은
하늘의 평안을 누리리라.

네 대에 못하면
다음 대에 하면 되는 것이고
그것이 후세를 우리에게 주신
주의 뜻이지 않겠는가?

여호와께서 집을 세우지 아니하시면 세우는 자의 수고가 헛되
며 여호와께서 성을 지키지 아니하시면 파수꾼의 깨어있음이
헛되도다. Psalms 127:1

128. 너의 수고

수고하고 땀을 흘립니다.
그것이 우리의 운명이라면
기쁨으로
그 길을 걸어갑니다.

수고해야 먹을 수 있고
땀을 흘려야
거둘 수 있다 하셨으니
매일의 씨앗을 뿌립니다.

한번 늘어지면 내가 알고
두 번 늘어지면 당신이 아시니
나 자신을 쳐서
당신의 뜻에 따릅니다.

수고한 대로만
거두게 하소서!
더 이상 주시라고
원하지 않습니다.

기도한 대로만
응답하옵소서!

나의 필요 이상
구하지 않습니다.

경작한 대로만
결실하게 하소서!
심은 대로 거두리라
하지 않으셨습니까?

적어도 우리가
드린 대로
수고한 대로는
갚아주셔야 합니다.

당신의 산에 올라
하늘을 우러릅니다.
적어도 당신 앞에 설 때
부끄럽지는 않게 하옵소서!

129. 수치

뒤집으라.
뒤집어 읽으라.
침묵의 인내로
너의 사랑으로

끝까지 참아내라.
똑같이 읽지 말고
새로운 관점으로
새롭게 시도하라.

실패가 수치가 아니다.
아무런 도전도 하지 않고
안일하고 나약하게
앉아있음이 수치이며

가난이 수치가 아닌 것이고
나누지 않고
자기 배만 생각하며
이웃을 돌보지 않음이 수치이니

부자가 수치가 아니라
절약을 모르며

생각 없이 낭비하는
방탕한 생활이 수치인 것.

가난한 자가 너희 가운데
있는 그것이 수치이며
억울한 자가 너희 중에
있는 그것이 부끄러움이라.

너만 먹고 산다고
그것으로 끝나는 것이 아니고
너만 복을 받으려고
제물을 드리는 것이 수치이니

사람아,
진정한 수치를 알라.
헤어진 옷이 수치가 아니라
진리의 헐벗음이 수치인 것을…

무릇 시온을 미워하는 자들은 수치를 당하여 물러갈지어다.
Psalms 129:5

130. 깊은 곳

깊은 곳에
내려갔습니다.
더 이상 내려갈 곳이
남아있지 않았습니다.

눈을 뜰 수가 없었습니다.
큰물이 나를 덮었습니다.
더 이상 할 일이
나에겐 없었습니다.

당신을 위해 갈고 닦았던
모든 꿈을 접었습니다.
탄식의 노래를 부르며
순례의 길을 떠났습니다.

이것이 나에게 주신
당신의 뜻이던가요?
깊은 곳에 내려가면
당신을 알 수가 있던가요?

입에 발린 그런 말을
할 수가 없었습니다.

그렇게 쉽게 당신의 노래를
부를 수가 없었습니다.

이제 당신의 성전에 올라
당신께 나 자신을 드립니다.
이것이 당신께서 원하셨던
바로 그것인가요?

당신의 역사를
이루기를 원합니다.
영혼의 불을 살라
당신께 바칩니다.

나에게 남아있는
마지막 사랑.
그것을 당신께 드립니다.
나를 받으소서!

여호와여, 내가 깊은 곳에서 주께 부르짖었나이다. Psalms 130:1

131. 고요

당신의 성전에 올라
당신을 바라봅니다.
마음의 문을 열고
당신을 맞이합니다.

내가 당신 앞에 나아가
할 일이 무엇이겠습니까?
내가 당신의 성전에서
무슨 노래를 부르겠습니까?

하늘을 바라보면
음성이 들려오고
마음이 고요하면
자신을 보게 되니

당신 앞에
큰 일이 무엇이며
당신이 감당하지 못할 일이
무엇이겠습니까?

지금부터
영원까지

당신을 바랍니다.
당신의 품에 내가 있습니다.

어둠을 뚫고
당신의 음성이 들려옵니다.
나는 그 앞에
무릎을 꿇습니다.

잠잠하라.
너의 입을 열지 말라.
나의 세계로
들어오라.

그곳에
조용히 침잠하라.
네가 할 일이 바로 그것이니…
너의 힘이 그곳에서 나오느니…

실로 내가 내 영혼으로 고요하고 평온하게 하기를 젖 뗀 아이
가 그의 어머니 품에 있음 같게 하였나니 내 영혼이 젖 뗀 아이
와 같도다. Psalms 131:2

132. 겸손의 정신

내 영혼을 누일
성소를 찾나이다.
인간의 영화가
무슨 유익이 있나이까?

다만 해 아래의
누더기에 불과하나
그것을 즐겨 입고
온갖 치장을 하나이다.

거기에 문제가 있나이다.
과도한 욕심을 부리고
미의 여신에 유혹되어
힘의 남신을 숭배하는 것.

그러나 난 오직 깨어
당신의 장막에 들어가
겸손의 기도를
드리나이다.

당신의 산에 올라
영원의 노래를 부르나이다.

평화의 제물이 되겠나이다.
한 송이 꽃을 피우겠나이다.

당신의 옷을 입고
하늘에 오르나이다.
나의 영광이
그것이나이다.

생명 중의 하나이니
주신 대로 살아가며
가난한 마음으로
당신을 따르나이다.

생명을 사랑하고
물신을 거부하며
무릎으로 기어올라
당신의 성전에 오르나이다.

여호와여, 다윗을 위하여 그의 모든 겸손을 기억하소서! Psalms
132:1

133. 연합

당신을 따르나이다.
당신이 하나이듯
우리도 하나 되어
영광을 돌리나이다.

나를 주장하지 않고
나를 자학하지 않고
당신이 주신 능력으로
조화를 이루나이다.

서로 다른 본성이
물처럼 어우러져
우주의 원리로
순환하나이다.

돌아가라.
하나가 되라.
서로의 힘을 합하여
선을 이루라.

그것이
당신의 뜻이온대

우리는 모래알처럼
바람에 날리고 있었나이다.

당신의 영을 보내소서!
당신의 불꽃 앞에
차디찬 마음이 녹아져
서로의 손을 잡게 하소서!

분열의 벽을 허물어
한 몸이 되게 하시고
눈앞의 빵 한 조각에
눈멀지 않게 하소서!

당신을 바라보나이다.
영원을 바라보며
당신의 성전에서
생명의 노래를 부르나이다.

보라, 형제가 연합하여 동거함이 어찌 그리 선하고 아름다운
고! Psalms 133:1

134. 밤의 노래

나는 잠이 들 수가 없나이다.
깊은 밤 홀로 깨어
자리에서 일어나
당신께 나아가나이다.

나의 시간이 얼마
남아있지 않나이다.
언제 당신이 부르실지
언제 당신이 찾으실지

지혜로운 신부처럼
등불을 준비하고
당신의 음성을
기다리나이다.

태양이 제자리로 돌아가고
이 땅에 어둠이 내려오면
그때부터 당신의 시간이
시작되나이다.

분주한 마음을 거두어
나의 자리를 준비하면

내가 누운 자리가
성소가 되나이다.

그것은 죽는 시간이 아니고
사라지는 시간이 아니라
당신과 만나는
가장 거룩한 시간이며

그것은 무의 시간이 아니고
두려움의 시간이 아니라
당신 앞에 나아가는
가장 은밀한 시간이니

영혼의 눈을 뜨고
밤의 노래를 부르나이다.
이제 곧 떠오를 해를 기다리며
밤의 시간으로 들어가나이다.

보라, 밤에 여호와의 성전에 서있는 여호와의 모든 종들아. 여
호와를 송축하라! Psalms 134:1

135. 성전 뜰

당신의 손을 잡고
당신의 뜰을 거니나이다.
당신이 밟으시며
말씀을 뿌려놓으신 곳.

어디를 가든
당신의 향기가
내 영혼의 뜨락에
가득하나이다.

당신이 부르셨던
그 노래를
지금 나도
부르나이다.

당신의 그 음성은
내 가슴에 남아
오늘까지 내 귀에
들리나이다.

당신이 키우셨던
꽃들이 피어있고

당신이 심은 나무가
하늘에 닿았나이다.

그때 그곳에서
당신의 음성을 들었나이다.
나의 어여쁜 자여,
나의 성소로 들어오라.

당신의 뜰에 설 때마다
내 가슴은 한없이 뛰고
내 눈은 하염없이
그리움에 젖나이다.

언제나 내가 찾아가는
내 영혼의 안식처.
나는 그곳에서
생명의 노래를 부르나이다.

여호와의 집, 우리 하나님의 성전 곧 우리 하나님의 성전 뜰에
서있는 너희여. Psalms 135:2

136. 비천(low estate)

당신은 우리를 인도하셨나이다.
노예의 땅에서
우리를
건져내셨나이다.

우리의 숨이 끊어져
더 이상 살아갈 수 없었을 때
그때 당신은 우리에게
찾아오셨나이다.

우린 당신을 따라
깊은 물을 건넜나이다.
바위를 깨뜨려 생수를 주셨고
하늘을 열어 만나를 주셨나이다.

모두 당신이 주셨나이다.
그것이 우리의 시작이었고
그때부터 우린 세상에
존재하게 되었나이다.

땅의 백성이
하늘 백성이 되었고

우리의 입으로
구원의 노래를 불렀나이다.

어떻게 우리가
당신을 잊을 수 있으며
어찌 우리가
당신을 버릴 수 있겠나이까?

당신의 기억 속에
우리가 있고
우리의 노래 속에
당신이 있으니

모든 고통은
한 줌의 재가 되나이다.
그것이 우리의 믿음이요
그것이 우리의 희망이나이다.

우리를 비천한 가운데에서도 기억해주신 이에게 감사하라. 그
인자하심이 영원함이로다. Psalms 136:23

137. 시온의 노래

당신의 성전이
무너졌나이다.
당신의 임재가
사라졌나이다.

시온의 처녀들은
찢겨져 유린되고
거룩한 제사장들은
포로가 되었나이다.

눈알은 뽑혀
피가 흐르고
백성들은 쇠사슬에 매여
끌려왔나이다.

우리를 끌고 온 자들은
우리에게 노래를 부르라 하지만
어찌 우리가 원수들의 앞에서
시온의 노래를 부르리이까?

우리의 무대는 막이 내렸나이다.
우리의 연주는 끝이 났나이다.

우리는 빛나는 악기들을
나무에 걸었나이다.

우리의 눈물은
강이 되었나이다.
바벨론의 흐르는 강물에서
슬픔의 노래가 들리나이다.

우리의 노래는
끝이 났지만
이제 당신의 노래가
시작되나이다.

언제 우리의 눈물이 노래가 되겠나이까?
언제 우리의 기도가 하늘에 닿겠나이까?
오늘도 우리는 빗속에 서서
당신의 노래에 귀를 여나이다.

우리가 바벨론의 여러 강변 거기에 앉아서 시온을 기억하며
울었도다. Psalms 137:1

138. 버리지 마소서

당신을 따르나이다.
어떤 고난 속에서도
죽음의 위협 속에서도
당신을 놓지 않겠나이다.

차라리 사랑의
매를 때리소서!
차라리 채찍으로
나를 치소서!

나를 버리지는 마소서!
나를 기억하소서!
나를 창조하신
주의 뜻을 이루소서!

당신의 형상이나이다.
당신이 만드셨나이다.
당신의 예정하심으로
오늘의 내가 있사오니

어찌 아비가 자식을
버릴 수 있으며

어찌 어미가 자식을
잊을 수 있겠나이까?

하물며 당신은
나의 창조자시요
영원한 사랑이며
변역치 않으신 분이오니

그것이
나의 자랑이요
그것이
나의 희망이나이다.

나의 허물을 용서하소서!
당신의 등 뒤로 나를 던지소서!
다시는 죄악의 길을 걷지 않겠사오니
나를 그대로 내버려두지 마옵소서!

여호와께서 나를 위하여 보상해 주시리이다. 여호와여, 주의
인자하심이 영원하오니 주의 손으로 지으신 것을 버리지 마옵
소서! Psalms 138:8

139. 나를 아시나이다

내가 당신을 떠나
어디로 가며
내가 당신 앞에서
어디로 피하리이까?

나를 살피소서!
나보다
더 나를
잘 아시지 않습니까?

나의 강점과 약점,
나의 앉고 섬을
당신이
더 잘 아십니다.

살아가는
모든 것이
실수와 허물뿐이니
날마다 나 자신을 살핍니다.

마음속에
꿈틀거리는 죄성과

타락한 인간성으로
끝없는 나락에 빠지오니

나를 쳐서
당신에게 복종시키며
날마다 당신을 향해
거룩한 길을 걸어갑니다.

이 길만이
나를 이루어
당신의 뜻을
완성하는 길이오니

나를 도우소서!
나를 인도하소서!
당신의 선하신 뜻으로
생명의 역사를 이루소서!

여호와여, 주께서 나를 살펴보셨으므로 나를 아시나이다.
Psalms 139:1

140. 보전하소서

그것을 모르고 있었습니다.
온유한 자가 땅을 차지한다는 것을.
당신의 역사는 공생을 통해
이루어져 왔다는 것을.

자기만 잘 살면
되는 줄 알지만
절대 그렇지 않음을
알지 못하고 있었습니다.

같이 살아야
생명이 유지되고
우리가 보존되는 그것이
대자연의 원리인 것인데

네가 살아야
내가 살수가 있고
내가 잘 살아야
모두가 살 수 있는 것이거늘

우리의 탐욕을
채우는 그것이

우리의 파멸을
가져왔습니다.

욕망의 불로
끝없는 욕심으로
우리는 그렇게
끝나버리고 말게 될까요?

먹을 것이 있고
먹지 않아야 될 것이 있으며
마지막까지
지킬 것이 있다 하셨으니

이제 허영의 옷을 벗고
지금 당신께로 돌아갑니다.
매일 수행의 삶을 살아가며
날마다 당신의 뜻을 따릅니다.

여호와여, 악인에게서 나를 건지시며 포악한 자에게서 나를 보
전하소서! Psalms 140:1

141. 내게 오소서

오소서!
우리 주여!
우리 가운데
오시옵소서!

당신이
우리의 구원이시며
당신이
우리의 희망이시니

우리의 부르짖음에
귀를 기울이소서!
우리의 참상을
살피소서!

뜨거움이 우리를 살랐고
두려움이 우리를 덮었습니다.
하늘은 흑암에 덮였고
우리의 앞은 보이지 않습니다.

우리에게 힘을 주소서!
서로의 손을 잡고

악을 물리치며
선을 이루게 하소서!

우리의 불을 밝혀
어둠을 물리치고
생명의 역사를
이루게 하소서!

우리와 함께
올라가소서!
생명의 노래를
부르게 하소서!

아무리 어둡고 캄캄해도
절망하지 않게 하시며
날마다 두 손을 모아
기도를 드리게 하소서!

여호와여, 내가 주를 불렀사오니 속히 내게 오시옵소서! 내가
부르짖을 때에 내 음성에 귀를 기울이소서! Psalms 141:1

142. 소리 내어

소리를 내어
기도를 드립니다.
고통 속에 드리는 기도는
당신의 마음을 움직이오니

소리를 높여
찬송을 부릅니다.
당신의 얼굴을 뵌 후로
노래를 그치지 않습니다.

소리를 멈추고
말씀을 묵상합니다.
영혼에 박힌 진리는
나의 삶을 이끌어갑니다.

때에 맞는
말 한마디가
광야에 흐르는 생수가 되어
영혼을 살려냅니다.

나의 입으로
사랑을 고백합니다.

입으로 시인하여
구원을 받습니다.

당신의 소리는
천지를 만드셨고
나의 소리는
운명을 만듭니다.

소리를 지름은
아직 살아있다는 것.
그 무엇도 나의 노래를
막을 수는 없습니다.

아직 나는 살아있습니다.
아직도 나는 꿈을 꿉니다.
당신께 돌아가는 그날까지
내 입의 기도를 그치지 않습니다.

내가 소리 내어 여호와께 부르짖으며 소리 내어 여호와께 간
구하는도다. Psalms 142:1

143. 숨기지 마소서

어디에 계시나이까?
어디에 숨으셨나이까?
당신 얼굴을
볼 수가 없나이다.

하늘에 올라보아도
당신은 계시지 않고
광야의 끝까지 헤매어도
당신은 계시지 않나이다.

그러나 당신은 거기에 계셨나이다.
고통 중에 나와 함께하시나이다.
그 속에서 당신을 만나나이다.
거기에서 당신을 알게 되나이다.

그것은 당신의 선물이니
그 속에서 진주를 만드나이다.
죽음의 고통 속에서
생명은 출산하나이다.

그러나 당신을
잃지 않게 하소서!

너무 힘에 겨워
쓰러지지 않게 하소서!

너무 피곤하여
넘어지지 아니하며
너무 절망하여
눈멀지 않게 하소서!

당신의 얼굴을
바라보게 하시며
고통의 산을 넘어
영광을 보게 하소서!

당신의 산에 오르나이다.
죽음을 넘어
영광 속에 임재하는
당신의 얼굴을 보나이다.

여호와여, 속히 내게 응답하소서! 내 영이 피곤하니이다. 주의
얼굴을 내게 숨기지 마소서! 내가 무덤에 내려가는 자 같을까
두려워하나이다. Psalms 143:7

144. 인 생

당신이 주신 선물,
단 한번 주어진 삶,
후회함 없이 멋지게
살아가겠습니다.

태양과 함께
하루를 시작하고
태양과 함께
하루를 마감하며

사랑하는 사람과
얼굴을 맞대고
서로의 숨을
나누겠습니다.

그리고 언젠가
죽음이 찾아오는 날,
그를 빈손으로
돌려보내지 않겠습니다.

얼마나 다행입니까?
피곤한 숨을 멈추고

당신 앞으로
돌아가는 것.

인생의 마지막에
삶을 정리하고
돌아갈 곳이
있다는 것.

아픔을 벗고
고통을 그치고
낡은 육신을 벗어
당신 발 앞에 개어놓겠습니다.

나에게
삶의 기회와
죽음을 주신 것에 감사하며
영광의 노래를 부르겠습니다.

여호와여, 사람이 무엇이기에 주께서 저를 알아주시며 인생이
무엇이기에 그를 생각하시나이까? psalms 144:3

145. 영원히

당신의 이름을 부릅니다.
나의 왕,
나의 주,
나의 빛이여!

내가 부를 이름,
내가 노래할 이름,
내가 사랑할 이름,
나에게는 당신이 있습니다.

당신을 높입니다.
형상이나 물질이 아니라
우리 가운데 임하시는
사랑의 영이시여!

바람 속에 오십니다.
구름 속에 거하십니다.
생명의 신비 속에
우리와 함께 하십니다.

슬픔을 느끼며
아픔을 나누고

우리의 상처를
싸매어 주십니다.

당신을 섬기며
당신께 순종하고
나의 성심을 다해
나를 드립니다.

헛된 삶을 살아가지 않고
주신 삶을 허비하지 않고
당신의 뜻을 따라
한평생을 살아갑니다.

이것이 나에게 부여된
영광의 길이며
내가 걸어가야 할
가장 거룩한 길이오니…

왕이신 나의 하나님이여, 내가 주를 높이고 영원히 주의 이름
을 송축하리이다. Psalms 145:1

146. 불드심

당신을 따라
길을 떠납니다.
나는 인생의 길을 가는
나그네입니다.

어디선가
나를 찾는 북소리가 들렸습니다.
나를 오라 부르는
가슴을 치는 소리.

그것은 나를 창조한
당신의 음성이었습니다.
나의 눈을 열어 하늘을 보여주는
구원의 신호였습니다.

그래요,
사람이 태어나
한평생 살아가며
하늘의 뜻을 이루어야 합니다.

아무런 희망도 없이
미쳐버린 열정도 없이

그렇게 나약하게
살고 싶지는 않습니다.

재갈에 물린 야생마나
말뚝에 매인 코끼리처럼
제자리를 맴돌며
죽어가고 싶지는 않습니다.

당신은 나를 부르는
하늘의 소리입니다.
당신은 역사를 일으키는
심장의 박동입니다.

그것은 길을 떠나는 나그네들에게 주시는
당신의 가장 깊은 은혜의 선물입니다.
광야를 걷는 순례자들에게 영혼의 생수가 흐르라.
신의 산에 오르는 그들에게 초월의 대각이 있으라.

여호와께서 나그네들을 보호하시며 고아와 과부를 붙드시고
악인들의 길은 굽게 하시는도다. Psalms 146:9

147. 상심한 자

얼마나 마음이 아프신가요?
뜨거운 지구에서
창조의 생명들이
아우성을 칩니다.

더 가지지 못해
더 즐기지 못해
탐욕의 바벨탑을
높이 쌓고 있습니다.

남들 위에 올라
그들을 누르고
더 높아져야
행복하다는 겁니다.

남들 보다 앞서
성취하고
성공해야
잘 나간다는 것입니다.

한치 앞을
보지 못하고

파멸의 나락으로
치닫고 있습니다.

죽음의 경주에는
브레이크가 없습니다.
빨리 달릴수록
지옥이 가까워집니다.

작은 것이 아름답고
느릴 수록 잘 보이는 법인데
마음의 상처는
깊어만 갑니다.

슬픈 사람들이 만나야 합니다.
아픔은 치유를 낳습니다.
이 땅을 고쳐주소서!
우리를 살려주소서!

상심한 자들을 고치시며 그들의 상처를 싸매시는도다. Psalms
147:3

148. 높은데서

초월은
높은데서
나오는 거야.
거기는 새로운 세계가 펼쳐지지.

깊은 곳에서는
깊은 진리가 나오겠지.
깊은 곳에
그물을 내려야 하는 거야.

넓은 곳에서는
넓은 사람들이 나오는 거고.
모든 생명을
가슴에 품는 거야.

아무튼
거기에 머무르지 말고
더 심원한 곳으로
들어가야 하는 거야.

입구에서 만족하지 말고
먹는 것만 탐하지 말고

수행정진이 필요한 거야.
성화의 길이라고나 할까.

이것이 내가
신의 산에 오르는 이유이지.
그곳에 오를 때마다
선물을 받게 되는데

그게 바로
하늘의 영성이지.
구하는 자가 얻게 되고
두드리는 자에게 열리는 거야.

너의 삶을 잘 음미해보라고.
음미되지 않는 삶은
살 가치가 없는 거야.
지금 나는 너의 깨달은 말을 듣고 싶어.

할렐루야! 하늘에서 여호와를 찬양하며 높은 데서 그를 찬양할
지어다. Psalms 148:1

149. 성도의 모임

흐르는 물을 따라
흘러가는 쓰레기가 있고
흐르는 물을 거슬러
솟아오르는 연어가 있다.

물속에 살지만
물에 섞이지 않는
거룩하게 구별된
펄떡이는 물고기가 있다.

대세를 좇는가?
진리를 따르는가?
넓은 문을 찾는가?
좁은 문으로 들어가는가?

많은 사람이
평안의 넓은 문을 찾겠지만
진리는 깊은 고독에서
출산되는 것.

이것이 인생의 길이라면
어쩔 것인가?

이것이 그분의 뜻이라면
어떻게 하겠는가?

노래를 부르라.
고난의 노래를.
그 속에서
위대함은 탄생되는 것.

그대 진정
무엇을 원하는가?
평범을 좇지 말고
비범의 길을 가라.

남이 가는 길을 가지 말고
영혼이 원하는 길을 가라.
그분이 가신 길을 따라
거룩한 길을 걸어가라.

할렐루야! 새 노래로 여호와께 노래하며 성도의 모임 가운데에
서 찬양할지어다. Psalms 149:1

150. 호흡

호흡이 끝납니다.
당신께로 돌아갑니다.
내가 하늘에서 내려온 지
오랜 세월이 흘렀습니다.

그때 당신의 영은
수면 위에 운행했고
당신은 나에게
숨결을 주셨습니다.

당신의 거룩한
생명의 숨결을
나에게 불어넣어주신
그 이유는 무엇인가요?

호흡이 다하는 날까지
당신을 노래합니다.
당신이 주신 노래에
생명을 부여합니다.

당신을 노래함으로
나도 창조자가 됩니다.

당신은 나를
창조자로 만드셨습니다.

그것이 나를 향하신
당신의 뜻이었습니다.
그것은 가장 거룩한
하늘의 일이었습니다.

내 생명 다하여
당신을 노래합니다.
호흡이 다하는 날까지
당신을 찬양합니다.

내 삶을 마치고
당신께로 돌아가는 날,
나의 노래를 마치게 될 것입니다.
"다 이루었도다."

호흡이 있는 자마다 여호와를 찬양할지어다. 할렐루야! Psalms
150:6

에필로그(Epilogue)

오늘의 시편 150편을 완성합니다.
하루도 빠짐없이 오늘의 시편을 썼습니다.
언제나 시편 생각이 머리에 떠나지 않았습니다.
시편을 쓰기 전에는 밥을 먹지 않았습니다.
밥 먹을 자격이 없다고 생각했습니다.

'나'라는 프리즘을 통해 생명을 노래했습니다.
나에게 생명을 주신 절대자를 찬양했습니다.
그분의 뜻을 따르는 사랑의 고백을 했습니다.
그분을 따라 나도 작은 창조자가 되었습니다.
순간의 시간에 영원의 생명을 부여했습니다.

이제 이 모든 노래를 당신께 드립니다.
이것이 내가 당신께 드릴 전부입니다.
우리는 생명의 노래를 불러야 합니다.
우리가 같이 생명의 노래를 부르면
어둠과 죽음의 세력은 물러갈 것입니다.

시작하면 끝을 보아야 합니다.
그만큼 거기까지 완성을 해야 합니다.
얼마나 많은 시작이 세상에 존재하나요?
얼마나 많은 미완성이 세상에 남아 있나요?
그렇게 무덤에 들어가고 싶지는 않았습니다.

매일 한 걸음씩 걸어가야 합니다.
모든 위대한 성취는 한 걸음부터 시작했습니다.
지금 여기에서 할 수 있는 것을 해야 합니다.
가장 작은 것에서부터 시작해야 합니다.
생명의 자원을 아끼고 회개의 삶을 살아야 합니다.

끊임없이 운동을 해야 합니다.
새로운 세계를 향해서 나아가야 합니다.
생명의 비전을 가지고 변화를 추구해야 합니다.
생명의 영과 함께 생명의 길을 걸어야 합니다.
변화하지 않으면 변화를 당할 것입니다.

이제 시작입니다.
다시 거룩한 산에 오릅니다.
그곳에서 우리를 부르는 희망의 소리가 들려옵니다.